KOSMOS *praxiswissen jagd*

Eberhard Eisenbarth
Ekkehard Ophoven

Bewegungsjagd auf Schalenwild

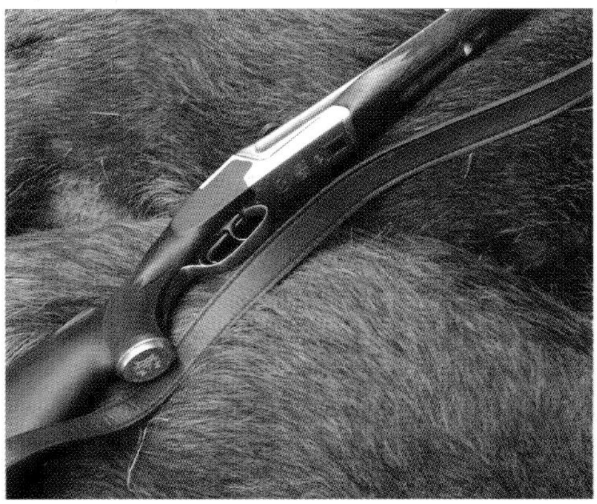

von der Planung bis zum Streckelegen

KOSMOS

Einleitung

Kapitel 1

Kapitel 2

Kapitel 3

Kapitel 4

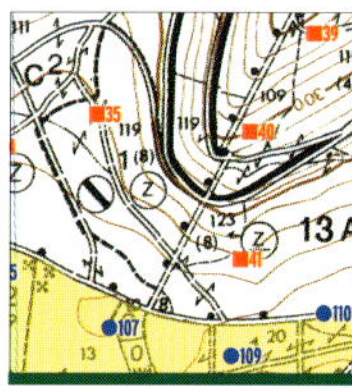

Kapitel 5

Kapitel 6

Kapitel 7

Kapitel 8

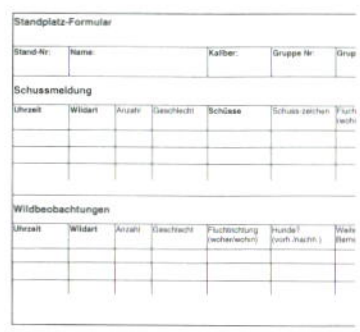

Standplatz-Formular

Stand-Nr:	Name:	Kaliber:	Gruppe Nr:

Schussmeldung

Uhrzeit	Wildart	Anzahl	Geschlecht	Schüsse	Schuss-zeichen

Wildbeobachtungen

Uhrzeit	Wildart	Anzahl	Geschlecht	Fluchtrichtung (woher/wohin)	Hunde? (vorh./nachh.)

Service

Vorwort

Aus Sicht der zivilisierten Welt ist es sehr lange her, da der Mensch allein aus Gründen der eigenen Existenz, allein für seinen Lebensunterhalt jagte. Vielmehr begleitet unsere Kulturgeschichte auch eine eigene Geschichte der Jagd, wobei das Privileg der Jagdausübung, die Jagdmethoden und insbesondere auch das Verhältnis des Jägers zum bejagten Tier vielfältigen Wandlungen unterworfen waren und sind. Zudem sind wir Jäger in unserem Denken verhältnismäßig stark in der Tradition verwurzelt und betont emotional motiviert, und wir stehen aktuellen Veränderungen kritisch gegenüber.

So ist auch die „Bewegungsjagd" unter schwerpunktmäßigem Einsatz stöbernder Hunde gegenwärtig ein viel und zum Teil ziemlich kontrovers diskutiertes Thema. Es sind verschiedene Gründe, warum dieser Jagdart zunehmende Aufmerksamkeit geschenkt wird. Allerdings wird unter dem gleichen Begriff nicht immer dasselbe verstanden, was in den Diskussionen zuweilen zu Missverständnissen führt.

Die Autoren dieses Sachbuchs definieren, was sie unter Bewegungsjagd verstehen und beschreiben eine sehr effektive und dem Tierschutz in besonderer Weise Rechnung tragende Jagdart. Sie schreiben aus langjähriger eigener Anschauung und Erfahrung. Den Einsatz stöbernder Hunde behandeln sie als besonderen Schwerpunkt. Darüber hinaus geben sie hinsichtlich der Planung und Organisation, der rechtlichen und sicherheitsrelevanten Rahmenbedingungen sowie der Durchführung und Nachbereitung eine Fülle von Detailinformationen und Anregungen.

Dieser oder jener Jagdleiter mag manche Punkte unter seinen Verhältnissen anders handhaben wollen. Entscheidend aber sind die zielführenden Grundgedanken für die Konzeption.

Es ist wohl das erste Buch dieser Art und ein wichtiger Beitrag für Jagdleiter und Mitjäger zum verantwortungsbewussten Jagen. Ich wünsche ihm weite Verbreitung.

Elmstein *Uwe Tabel*

Forstdirektor Uwe Tabel ist Amtsvorstand des rheinland-pfälzischen Forstamtes Elmstein und Abteilungsleiter an der Forstlichen Versuchsanstalt Rheinland-Pfalz. Der erfahrene Jagdpraktiker leitet in seinem Forstamt seit über 15 Jahren Bewegungsjagden auf großer Fläche.

Bewegungsjagd – was ist gemeint?

von Eberhard Eisenbarth

„Warum dieses Buch?", wird sich der eine oder andere Leser vielleicht fragen, „die Organisation einer Bewegungsjagd kann so schwer doch nicht sein." Für den Jagdleiter, der mit dieser Jagdmethode bereits Erfahrung hat, mag das stimmen. Zahlreiche Fragen stellen sich aber demjenigen, der nur selten oder etwa zum ersten Mal mit dieser Aufgabe betraut ist. Wo, wann und wie jage ich, woher bekomme ich Hunde und Nachsuchengespanne, wer kümmert sich worum, wie organisiere ich Wildversorgung und -verwertung – kurz, wie soll die Jagd von A bis Z ablaufen? Der Erfolg einer Bewegungsjagd ist kein Zufall, sondern steht und fällt mit einer durchdachten Planung und professionellen Organisation.

▸ Der Begriff Bewegungsjagd

Der Begriff der Bewegungsjagd ist bei den Jägern mittlerweile in aller Munde, aber wenn heute zehn Jäger über Bewegungsjagd sprechen, dann sprechen zehn Jäger von etwas anderem. Deshalb muss auf diesen Begriff an dieser Stelle kurz eingegangen und abschließend definiert werden, wie er in dem vorliegenden Buch von den Autoren verstanden wird.

Mit den Gesellschaftsjagden der höfischen Jagd bis zum Beginn des 19. Jahrhunderts (eingestelltes Jagen, Parforcejagden etc.) lässt sich die Bewegungsjagd, wie sie hier verstanden wird, nicht vergleichen. Frönten jene Jagden noch vorrangig dem Lustprinzip, versteht man unter Bewegungsjagd nach heutiger Lesart eine zeitgemäße, wildbiologisch orientierte und effiziente Jagdmethode, wobei die Freude an der Jagd durchaus legitim, aber sicherlich nicht vorrangiges Ziel ist.

Hier soll weder der Versuch unternommen werden, die historische Entwicklung der Gesellschaftsjagden zu heutigen Bewegungsjagden darzustellen, noch die Vielzahl verschiedener Jagdkonzepte und -methoden zu analysieren – sie sind in der einschlägigen Fachliteratur zur Genüge beschrieben –, und es sollen an dieser Stelle auch nicht deren Unterschiede und die Entwicklung zu der hier vorgestellten Form herausgearbeitet werden. So enthalten die Jagdformen der Stöberjagd, Riegeljagd, Drückjagd und Treibjagd sicherlich Elemente, die sich ebenfalls in dem vorliegenden Buch zur Bewegungsjagd wiederfinden. Eine methodische Analyse derzeit vielerorts praktisch durchgeführter Bewegungsjagden würde aufzeigen, dass sie sich tatsächlich oft aus Teilelementen unterschiedlicher Jagdmethoden zusammensetzen, die sich zum Teil sogar bis in Zeiten höfischer Feudaljagden zurückführen lassen.

Definition der Autoren

Gleichwohl soll hier im Sinne einer Standortbestimmung definiert werden, was die Autoren unter Bewegungsjagd verstehen:

Bewegungsjagd ist die Jagdform, bei der Schalenwild organisiert und planvoll über die gesamte Zeitdauer der Jagd gleichzeitig auf großer Fläche durch frei suchende und fährtenlaut jagende Hunde so in Bewegung gebracht wird, dass es auf ausgesuchten Standplätzen abgestellte Schützen möglichst vertraut anwechselt, hierbei gut angesprochen und sicher erlegt werden kann.

Die Hauptmerkmale

Ein wesentliches Kriterium dieser Jagdmethode ist, dass sie sich am biologischen Verhaltensmuster der bejagten Wildarten orientiert und für das Wild selbst möglichst schonend durchgeführt wird. So werden besonders die Belange des Tierschutzes bzw. der Weidgerechtigkeit gewahrt, denn Erfahrungswerte zeigen, dass die Beunruhigung durch laut jagende Hunde vom Wild als weniger störend empfunden wird, als die durch den Menschen.

Diese Form der Jagd mit dem Hund ähnelt dem Wolfsprinzip. Schalenwild ist von Natur aus auf Störungen durch Prädatoren eingestellt. Die Einwirkung von Beutegreifern auf Wildtierpopulationen ist ein natürlicher Vorgang, und der Einsatz des Hundes kommt dem in der nördlichen Hemisphäre ursprünglich dominierenden Beutegreifer Wolf am nächsten. Es handelt sich aus biologischer Sicht also um eine eher naturgemäße Form der Bejagung – ein Prädikat, mit dem sich der Jäger als „Wolfsersatz“ in der (naturfernen) Kulturlandschaft gerne schmückt und das u.a. mitunter sein Selbstverständnis in unserer Gesellschaft beschreibt.

Weiteres wichtiges Kennzeichen der Bewegungsjagd ist die über eine große Jagdfläche verteilte, zeitgleiche Beunruhigung der Einstände, in denen das Wild von frei und möglichst einzeln suchenden, selbstständig und fährtenlaut jagenden Hunden beunruhigt und, wo nötig, mit der Unterstützung von Hundeführern zum Verlassen bzw. Wechsel der Einstände gebracht wird.

Die Schützen nehmen speziell ausgesuchte Stände ein, die sich an den Wechseln des Wildes orientieren und über die gesamte Jagdfläche verteilt sind. Und hierin unterscheidet sich das hier vorgestellte Konzept klar von historischen Vorläufern: Während deren Ziel darin bestand, das Tier über die Hetze zu erlegen, soll hier das Wild nur durch Beunruhigung dem Schützen möglichst so vertraut gebracht, dass es sicher angesprochen und erlegt werden kann.

Für wen ist dieses Buch?

Die folgenden Ausführungen basieren in erster Linie auf langjährigen Erfahrungen der Autoren mit Bewegungsjagden in großen Schwarz- und Rotwildrevieren, die die Bejagung von Rehwild regelmäßig, weiterer Schalenwildarten gelegentlich, einschließen. Als ausgesprochenes Praxiswerk soll dieses Buch insbesondere dem Jäger, der Bewegungsjagden verantwortlich organisiert und durchführt, aber auch dem, der als Gast daran teilnimmt, Anregungen, Hilfen und Informationen „von der Planung bis zum Streckelegen“ geben. – Darum dieses Buch!

Die rechtliche Seite

von Ekkehard Ophoven

Allgemeines

Bewegungsjagden berühren verschiedene rechtliche Fragen, über die sich alle Jagdteilnehmer im Klaren sein müssen, damit ein ordnungsgemäßer und unfallfreier Jagdablauf gewährleistet ist. Das nun folgende Kapitel kann und soll keine erschöpfende juristische Beleuchtung aller Aspekte der Bewegungsjagd leisten, sondern nur kurz die wichtigsten Regeln ansprechen, die es bei der Bewegungsjagd im Allgemeinen und im Speziellen zu berücksichtigen gilt.

▸ Jagdgesetze und Tierschutzgesetz

Das *Bundesjagdgesetz* (BJagdG) und die *Jagdgesetze der Länder* sind die zentralen Rechtsgrundlagen der Jagd. Ihre Bestimmungen gelten für jede Form der Jagdausübung, also auch für Bewegungsjagden. Weitere grundsätzliche Vorgaben enthält außerdem das *Tierschutzgesetz* (TierschG), dessen Inhalte nach § 44a des BJagdG von diesem unberührt bleiben. Der Tierschutz wird mit dem Beschluss seiner Verankerung im Grundgesetz zukünftig den Rang eines Staatsziels erhalten.

Weidgerecht muss auch die Bewegungsjagd sein. Bei solchen Schneelagen verbietet sie sich.

In § 1 stellt das TierschG fest, dass niemand einem Tier „ohne vernünftigen Grund Schmerzen, Leiden oder Schäden" zufügen darf. Einen vernünftigen Grund stellt die ordnungsgemäße und weidgerechte Jagdausübung dar.

Der ethische Begriff der Weidgerechtigkeit ist zwar in den Jagdgesetzen an keiner Stelle wirklich abschließend definiert. Zunehmende Einigkeit besteht aber darüber, dass Bewegungsjagden bei extremen Schneelagen, zumal bei verletzungsträchtigem überfrorenem oder verharschtem Schnee – wenn nicht ohnehin verboten wie z. B. in Rheinland-Pfalz (§ 26, Nr. 1 Ziff. 1 LJagdG RP) –, nicht weidgerecht und damit tierschutzwidrig sind.

Bewegungsjagd ist keine Hetzjagd

Neben den für die Jagd allgemein gültigen Bestimmungen des Jagdgesetze und des Tierschutzgesetzes ist im Zusammenhang mit Bewegungsjagden das konkrete Verbot der Hetzjagd auf gesundes Wild nach § 19 (1) Nr. 13 BJagdG und § 3 Nr. 8 TierschG von Bedeutung.

Ziel der Hetzjagd, z. B. der Jagd mit Windhunden, der Parforce- oder anderer Meutejagden – man denke aber auch an die Jagd mit Geparden in arabischen Ländern –, ist die Hetze selbst, also das Verfolgen, Stellen und fallweise Töten des Jagdwildes durch abgerichtete Tiere. Wird das Wild dabei vom Jäger getötet, bildet die Hetze dennoch den zentralen Bestandteil der Jagd. Weitere Kennzeichen der Hetzjagd mit Hunden sind das Verfolgen des Wildes auf Sicht und/oder in der Meute und vielfach stumm jagende Hunde.

Auf die Bewegungsjagd treffen all diese Merkmale nicht zu. Die Hetze ist nicht nur kein Ziel, sondern erklärtermaßen unerwünscht und wird nach besten Kräften ausgeschlossen. Zum Einsatz kommen nur fährtenlaut und zuverlässig einzeln jagende Hunde, denen die

Meutejagd nach historischem Vorbild – damit hat Bewegungsjagd nichts zu tun.

unmittelbare Bedrängung des Wildes über größere Distanzen nicht möglich ist. Unerwünschte Meutebildung ist eine seltene Ausnahme. Über die Wahl individuell geeigneter Hunde und deren überlegten Einsatz (vgl. Kap. „Die Hunde sind das A und O") trägt der Jagdleiter dafür Sorge, dass das Risiko des Hetzens auf ein Minimum reduziert wird.

▸ Vermeidbare Schmerzen verhindern

§ 4 (1) des TierschG hebt ebenfalls auf den Begriff der „weidgerechten Jagdausübung" ab und erlaubt das Töten von Wirbeltieren nur im Rahmen einer solchen und nur dann, wenn für das Tier keine vermeidbaren Schmerzen damit verbunden sind.

Welche Schmerzen im Rahmen der ordnungsgemäßen Bewegungsjagd vermeidbar sind, ohne deren Zweck ad absurdum zu führen, ist sicher nicht pauschal zu beantworten. Dennoch muss sich jeder Schütze diese Gesetzespassage vor dem Schuss auf Wild in der Bewegung vor Augen führen und genau abwägen, ob der Schuss in der gegebenen Situation vertretbar ist. Hierbei zählen nicht nur Entfernung und Geschwindigkeit des Wildes, sondern auch die objektive Einschätzung der eigenen Schießfertigkeiten!

In Übereinstimmung mit dem TierschG fordert auch § 22a BJagdG, Wild vor „vermeidbaren Schmerzen oder Leiden zu bewahren". Dies impliziert auch die Pflicht zur Nachsuche auf krankes Wild (mit „jagdlich brauchbaren" Hunden!), die so zügig durchgeführt werden muss, wie es im Rahmen des ordnungsgemäßen Jagdablaufs sinnvoll und möglich ist. Der Einsatz wildscharfer Jagdhunde, die während des Treibens krankes Wild gegebenenfalls abtun oder konsequent binden und so ein rasches Erlösen des Wildes von seinen Schmerzen ermöglichen, geht mit dieser Forderung des Tierschutzes konform.

Die Sicherheit

Bewegungsjagden auf Schalenwild sind ihrer Natur nach gefahrengeneigt: Zahlreiche Menschen nehmen daran teil und stehen oder bewegen sich nahezu ständig in der potenziellen Reichweite fast ebenso zahlreicher Schusswaffen. Abgesehen von dem gelegentlichen Schrotschuss auf den Fuchs, wenn der Jagdleiter dieses Wild freigegeben hat, werden in der Regel Kugeln und hier sinnvollerweise relativ schwere und durchschlagskräftige Geschosse bzw. Laborierungen verwendet. Zu den wichtigsten gesetzlichen Regeln einer Bewegungsjagd zählen daher die Sicherheitsbestimmungen.

▸ Der Jagdleiter trägt Mitverantwortung für seine Gäste

Die Hauptlast der Verantwortung für eine Bewegungsjagd trägt der Jagdleiter. Ist der Jagdausübungsberechtigte als Unternehmer im Sinne der *Unfallverhütungsvorschrift Jagd* (s.u.) nicht selbst Jagdleiter, muss er einen solchen bestimmen. Im Rahmen der Jagdorganisation und -durchführung hat der Jagdleiter eine erhöhte Sorgfaltspflicht, den Jagdgästen gegenüber außerdem eine besondere Aufsichtspflicht. Einen Teil seiner Aufgaben kann er an Beauftragte delegieren.

Für Jagdschäden (i.e. Sach-, nicht Personenschäden), die aus missbräuchlicher Jagdausübung entstehen, haftet nach § 33 (2) BJagdG der Jagdausübungsberechtigte dem geschädigten Grundstückseigentümer bzw. Nutzungsberechtigten gegenüber ohne Entlastungsmöglichkeit. Dies gilt auch für Schäden, die ein Jagdgast verursacht.

Im Verhältnis der Jagdteilnehmer untereinander gilt der eherne Grundsatz: „Jeder haftet für seinen Schuss" uneingeschränkt für jeden Schützen, eine Mithaftung bei Personenschäden kann im Unglücksfall aber auch den Jagdleiter treffen: Hat er beispielsweise nicht dafür gesorgt, dass an einem Schützenstand gesperrte Schussfeldsektoren eindeutig gekennzeichnet sind oder der Schütze vom beauftragten Ansteller zumindest mündlich zweifelsfrei auf diese hingewiesen wurde – ist er also seiner Sorgfaltspflicht nicht ausreichend nachgekommen –, kann ihn im Falle eines Unglücks eine Mitschuld und, daraus resultierend, eine Mithaftung treffen.

Nach außen haftet der Jagdleiter auch bei Verletzung seiner Aufsichtspflichten, zu denen nach einschlägiger Rechtsprechung als Paradebeispiel die Kontrolle der mitgeführten(!) Jagdscheine, z. B. aber auch die Kontrolle der Warnkleidung zählen.

Tipp

Sorgfalt ist schon bei der Terminwahl gefordert: In einigen Bundesländern ist die Treibjagd an Sonn- und Feiertagen generell verboten (z. B. Baden-Württemberg, Nordrhein-Westfalen) , in anderen zu bestimmten Zeiten untersagt oder nur ohne Beeinträchtigung der Gottesdienste und der Sonntagsruhe zulässig.

Soweit die Treibjagd nach Landesrecht über die Anzahl der Teilnehmer klar definiert ist (z. B. nach § 42 Nr. 1 LJagdG BW bei der Jagd auf Schalenwild im Wald mehr als acht Schützen oder mehr als vier aufscheuchende Personen, nach Art. 30 Nr. 1 LJagdG Bay unabhängig von der Schützenzahl mehr als vier Treiber und Abwehrer), sind diese Verbotsregelungen eindeutig. Fehlt eine entsprechende Definition, bestehen Zweifel, ob eine ruhig verlaufende Bewegungsjagd unter die Treibjagd-Beschränkungen fällt.

Der rücksichtsvolle Jagdleiter wird allerdings nicht nur zur Vermeidung von Konflikten mit gegebenenfalls bestehendem Landesrecht, sondern allein schon aus Respekt vor der nicht jagenden gläubigen Bevölkerung auf Bewegungsjagden am Sonntag und an Feiertagen möglichst verzichten!

▶ Der Gast ist für sich selbst verantwortlich

Unabhängig von der besonderen Verantwortung des Jagdleiters sind aber Gastschützen, Hundeführer und gegebenenfalls Treiber verpflichtet, die sie betreffenden Sicherheitsregeln – auch ohne Belehrung durch den Jagdleiter – einzuhalten.

Hierzu zählen aber nicht nur die Bestimmungen zum Schutz anderer Teilnehmer, sondern auch jene, die dem Eigenschutz dienen. Verlässt ein Schütze verbotenerweise oder ohne vorherige

Ein Foto aus alten Zeiten: Wer sich auf den Keiler konzentriert, übersieht schnell die Jäger im Hintergrund – sie tragen weder Signalweste noch Hutband!

Verständigung mit den Jagdnachbarn seinen Stand während des Treibens und läuft er in deren Schussfeld herum, oder steckt er das zu Beginn der Jagd gegebenenfalls eigens ausgehändigte Hutband lieber in die Tasche, anstatt es zu tragen, trifft ihn im Unglücksfall als Geschädigter ein Mitverschulden, das seine Schadensersatzansprüche mindert oder sogar ausschließt.

▸ Unfallverhütungsvorschriften – Herzstück der Sicherheit

Die wichtigsten Sicherheitsregeln für die Jagd haben die Landwirtschaftlichen Berufsgenossenschaften als Unfallversicherungsträger in den *Vorschriften für Sicherheit und Gesundheitsschutz* (VSG), *Teil 4.4*, auch als *Unfallverhütungsvorschrift* (UVV) *Jagd* bekannt, vom 01.01.2000 mit zugehörigen Durchführungsanweisungen festgeschrieben.

Neben den für die Jagdausübung allgemein gültigen Bestimmungen der UVV Jagd ist für die Bewegungsjagd vor allem deren § 4 *Besondere Bestimmungen für Gesellschaftsjagden* von besonderer Bedeutung. Seine Bestimmungen werden neben weiteren Sicherheitsregeln deshalb in den Kästen auf Seiten 12 und 13 stichwortartig wiedergegeben.

▸ Minderjährige auf Bewegungsjagden

Das Ziel der Sicherheitsbestimmungen ist die Minimierung des Unfallrisikos. Der Jagdleiter darf Kinder und Jugendliche nur mit Genehmigung der Erziehungsberechtigten und Kinder unter 14 Jahren nur in Begleitung einer erwachsenen Aufsichtsperson an der Bewegungsjagd teilnehmen lassen. Ältere Kinder sind nur bei entsprechender individueller Eignung und Reife ohne Aufsichtsperson zulässig. In besonderen Gefahrenbereichen wie z. B. in der Nähe beweglicher Hundeführer oder in schlecht einsehbaren Einständen dürfen sich Kinder nicht aufhalten.

Gefahrenabwehr – Verantwortlichkeiten der Jagdleitung

- ☐ Jagdscheinkontrolle (nach § 15 BJagdG muss der Jäger den Jagdschein bei der Jagdausübung mit sich führen; Jugendjagdscheininhaber dürfen nach § 16 BJagdG an Gesellschaftsjagden als Schützen nicht teilnehmen)
- ☐ Belehrung der Teilnehmer über die Sicherheitsbestimmungen
- ☐ Kontrolle der signalfarbenen Sicherheitskleidung aller Teilnehmer (Schützen mindestens Hutbänder, bewegliche Hundeführer und ggf. Treiber Jacken, Westen oder vergleichbare Oberbekleidung), bei Fehlen Ausstattung oder Ausschluss des fraglichen Teilnehmers
- ☐ Ausschluss von Teilnehmern mit erhöhtem Sicherheitsrisiko für sich selbst und andere (Kleinkinder, Kinder unter 14 Jahren ohne Aufsichtsperson, geistig oder körperlich Behinderte, alkoholisierte Personen)
- ☐ Auswahl und Ablauforganisation der Treiben unter dem Aspekt größtmöglicher Sicherheit
- ☐ Auswahl und Gestaltung der Schützenstände nach Sicherheitsaspekten
- ☐ Exakte Einweisung der Schützen in ihre Stände mit Hinweis auf Nachbarstände, Schussfeld und ggf. Hundeführer oder Treiber in Standnähe
- ☐ Geeignete Verkehrssicherungsmaßnahmen bei Treiben in Straßennähe
- ☐ Bekanntgabe der Signale bzw. Anfangs- und Endzeiten bei Jagd nach der Uhr
- ☐ Verfügbarkeit brauchbarer Jagdhunde in ausreichender Zahl
- ☐ Abbruch der Jagd bei Verschlechterung der Sicherheitsbedingungen (Nebel, einbrechende Dunkelheit, heftiger Schneefall etc.)

▸ Sicherheit beim „letzten Treiben“

Die Sicherheit endet auf der Bewegungsjagd nicht mit dem Verblasen der Strecke. Bei keiner anderen jagdlichen Gelegenheit sind so viele Schusswaffen auf relativ engem Ort konzentriert, wie am Ende einer großen Gesellschaftsjagd. Die Bestimmungen des Waffenrechts zur Aufbewahrung von Waffen müssen daher gerade am Ende solcher Jagden peinlich genau eingehalten werden. Die unbeaufsichtigte Aufbewahrung von Waffen im verschlossenen Fahrzeug ist eine unzureichende Verwahrung und daher untersagt. Sie kann eine Unzuverlässigkeit des Jägers im Sinne des Waffengesetzes begründen.

Waffen müssen entladen zum Ort des Schüsseltreibens mitgenommen und, möglichst in der Gewehrtasche, im Futteral oder einer anderen Hülle, innerhalb des eigenen Beherrschungsbereichs aufbewahrt werden. Gleiches gilt für die Munition.

Gefahrenabwehr – Verantwortlichkeiten der Schützen und Hundeführer

- Tragen von Signalkleidung (signalfarbene Hutbänder bzw. Oberbekleidung)
- Verständigung mit den Nachbarn nach Einnahme des eigenen Standes
- Laden der Waffe erst nach Einnahme des Standes, sofortiges Entladen nach Ende des Treibens
- Schüsse vor Beginn des Treibens nur mit ausdrücklicher Erlaubnis durch den Jagdleiter, nach Einnahme des Standes und Verständigung mit den Nachbarn
- Schüsse nur bei Vorhandensein eines geeigneten Kugelfangs (i.e. Erdreich, nicht Bäume oder Felsen!)
- Kein Anschlag der Waffe in Richtung anderer Personen, kein Durchziehen der angeschlagenen Waffe durch Schützen-, Hundeführer- oder ggf. Treiberlinien
- Exakte Beachtung des zugewiesenen Schussfeldes
- Vorschriftsmäßiges Tragen der Waffe außerhalb des Treibens (Repetierer mit geöffnetem Verschluss und Mündung nach oben, Kipplaufwaffen abgeknickt)
- Unbedingte Befolgung der Anweisungen des Jagdleiters hinsichtlich Verlassen des Standes – in der Regel erst am Ende des Treibens
- Bei Teilnahme als Durchgehschütze bzw. beweglicher Hundeführer Führen der Waffe nur im entladenen Zustand (ohne Patrone im Patronenlager)
- Als Durchgehschütze bzw. beweglicher Hundeführer Waffengebrauch nur zum Eigenschutz, für Fangschüsse und für Schüsse auf von Hunden gestelltes Wild – Fangschüsse nur auf kürzeste Distanz und bei sicherem Kugelfang
- Schusswaffengebrauch an gestelltem Wild nur bei ausreichender Sicherheit für Dritte und auch für die stellenden Hunde; wenn kein Fangschuss möglich, Abfangen mit der kalten Waffe

▸ Sicherheit für Dritte

Der Jagdleiter muss nicht nur für die Sicherheit der Jagdteilnehmer weitgehende Vorsorge treffen, sondern auch das Risiko minimieren, das von einer Bewegungsjagd für unbeteiligte Dritte, also vor allem für Erholungssuchende im Treiben und für den Straßenverkehr ausgeht. Hierzu ist es erst einmal unverzichtbar, im Rahmen der Sicherheitsbelehrungen alle Jagdteilnehmer auf die mögliche Anwesenheit von Erholungssuchenden hinzuweisen. An einzelnen Schützenständen müssen dann die betreffenden Jäger noch einmal ausdrücklich auf Wanderwege, Trimmpfade, Reitwege etc. oder auf Straßen und sonstige Verkehrslinien in Standnähe hingewiesen und das zulässige Schussfeld unmissverständlich entsprechend eingeschränkt werden. Bei überdurchschnittlich starker Frequentierung bestimmter Waldbereiche durch Erholungssuchende hat der Jagdleiter im Einzelfall seiner Verantwortung für einen sicheren Jagdablauf auch dadurch Rechnung zu tragen, dass er solche Revierpartien von der Bejagung ausnimmt.

Darüber hinaus muss der Jagdleiter spezielle Sicherheitsvorkehrungen treffen. Zum Schutz des Erholungsverkehrs zählt das Aufstellen von Warnschildern auf den Hauptzugangswegen in das Treiben. Länderweise können Waldflächen auch vom Waldbesitzer mit Genehmigung durch bzw. unter Anzeige bei der Forstbehörde oder, wie in Sachsen-Anhalt, vom Jagdausübungsberechtigten für eine Gesellschaftsjagd gesperrt werden.

Die Sicherung des Straßenverkehrs durch Straßenschilder zählt zu den zentralen Sorgfaltspflichten des Jagdleiters.

▸ Sicherheit des Straßenverkehrs

Wird das Treiben von öffentlichen Straßen durchzogen oder tangiert, hat der Jagdleiter geeignete Maßnahmen zur Sicherung des Verkehrs zu treffen, wie der Bundesgerichtshof am 16. Februar 1976 in einem Grundsatzurteil entschied. Er muss – in Abstimmung mit der zuständigen Straßenverkehrsbehörde – Warnschilder aufstellen lassen und/oder Streckenposten abstellen, die die Verkehrsteilnehmer auf eine erhöhte Gefahr durch überwechselndes Wild und Jagdhunde hinweisen (z. B. Gefahrenzeichen 101 „Gefahrenstelle“ oder Zeichen 142 „Wildwechsel“ nach § 40 StVO mit Zusatzzeichen „Achtung Treibjagd“). Treiben in Straßennähe sind von der Straße weg zu führen und die Rückwechsel durch eine möglichst dichte Kette von Hundeführern oder Treibern zu sichern. Das Ausbrechen des Wildes muss in gefährdeten Bereichen entlang von Straßen gegebenenfalls durch das Anbringen von Jagdlappen oder anderer geeigneter Abwehrvorrichtungen verhindert werden. In der Nähe stark befahrener Straßen, wie zum Beispiel Autobahnen, können Treiben nur zulässig sein, wenn die Straße wildsicher abgezäunt ist. Wo ein solcher Schutzzaun nicht schon besteht, wird es in der Regel wohl sinnvoller und sicherer sein, auf ein Treiben in der Nähe dieser Straßen zu verzichten.

Eine Sperrung öffentlicher Straßen durch die Straßenverkehrsbehörde, wie im Rahmen der Forstwirtschaft kurzfristig für das Fällen einzelner Bäume praktiziert, kommt für die Dauer einer Bewegungsjagd dagegen wohl nur in begründeten Ausnahmefällen in Frage.

Hunde und ihr Einsatz

Die Jagdgesetze der Länder schreiben aus Gründen des Tierschutzes den Einsatz von brauchbaren Jagdhunden für Nachsuchen, also auch für solche im Rahmen von Bewegungsjagden vor.

Näheres zum sonstigen Hundeeinsatz auf Bewegungsjagden regeln die Jagdgesetze der Länder. Während beispielweise Rheinland-Pfalz und Mecklenburg-Vorpommern brauchbare Hunde generell für Bewegungsjagden vorschreiben (§ 25 (1) LJagdG RP u. § 35 (1) LJagdG MV) und diese Brauchbarkeit von Prüfungsnachweisen abhängig machen, verlangt das baden-württembergische Landesjagdgesetz brauchbare Jagdhunde nur für Nachsuchen. Die Jagdleitung muss sich mit den einschlägigen landesrechtlichen Bestimmungen hierzu vertraut machen.

Tipp

Einige Versicherungsträger decken das Risiko für einen oder mehrere Jagdhunde nach deren Ausbildung im Rahmen der Jagdhaftpflichtversicherung des Halters nur ab, wenn über die jagdliche Verwendbarkeit des Vierbeiners ein Prüfungsnachweis erbracht wird.

Andere setzen nur voraus, dass die Hunde in Beziehung zur jagdlichen Tätigkeit des Halters stehen und verlangen keinen Prüfungsnachweis. Diese Versicherer meinen mit der geforderten jagdlichen Verwendung also nicht die „jagdliche Brauchbarkeit".

Der Jäger mit Hund muss sich erkundigen, welche Bedingungen bei seiner Jagdhaftpflichtversicherung gelten.

▸ Haftung des Hundehalters für Schäden Dritter

Nach dem Gesetz (§ 833 BGB) ist der Tier-, also auch Hundehalter im Rahmen der verschuldensunabhängigen Gefährdungshaftung grundsätzlich für alle Schäden haftbar, die von seinem Hund verursacht werden – also auch, wenn er seinen Sorgfaltspflichten nachgekommen ist. Den Schaden Dritter muss die Haftpflicht-, beim Jagdhund in der Regel die Jagdhaftpflichtversicherung des Hundeführers im Rahmen der Deckungssumme ersetzen.

Von der Haftung befreien können sich nur Berufsjäger, Forstleute, die ihren Hund zu Berufszwecken führen, und anerkannte Schweißhundführer, wenn sie nachweisen können, dass sie ihren Sorgfaltspflichten nachgekommen sind bzw. der Schaden auch bei deren Beachtung eingetreten wäre.

Verursacht ein Hund bei der Hetze im Anschluss an eine Nachsuche einen Verkehrsunfall, wird der Jagdleiter gegenüber Dritten in Haftung genommen, wenn er es schuldhaft unterlassen hat, den Hundeführer auf eine nahe gelegene Straße hinzuweisen.

▸ Schäden am eigenen Hund

Das Halten eines Hundes birgt per se ein Risiko – sowohl nach außen als auch für ihn selbst. Der Hundehalter haftet daher nicht nur für Schäden anderer, sondern muss sich bei Schäden am eigenen Hund umgekehrt dessen Haltung als Mitursache des Schadens anrechnen lassen.

Wird ein Hund durch einen Schützen fahrlässig getötet oder verletzt, ist dieser zum Schadensersatz verpflichtet. Bei Tötung des Hundes besteht der Ersatz im Verkehrswert (=Wiederbeschaffungswert eines gleichwertigen Hundes) zuzüglich eventuellem Zuchtverlust, beim verletzten Hund in den tierärztlichen Behandlungskosten zuzüglich Zuchtverlust und – im Falle von Invalidität – Wertverlust. Dem Hundehalter kann ein Mitverschulden angerechnet werden, wenn der Hund in dichtem, unübersehbarem Gelände verletzt oder getötet wurde und er es versäumt hatte, das Tier mit einem Signalhalsband oder einer vergleichbaren Signalkennung auszustatten.

Bringt ein Jäger seinen Hund aus Gefälligkeit oder eigenem Interesse mit zur Bewegungsjagd und wird dieser im Jagdbetrieb von Sauen geschlagen oder durch anderes Wild verletzt, muss der Halter den Schaden selbst tragen, sofern dieses Risiko nicht durch entsprechende Vereinbarungen auf die Gemeinschaft aller Jagdteilnehmer umgelegt oder versichert wurde (s.u.).

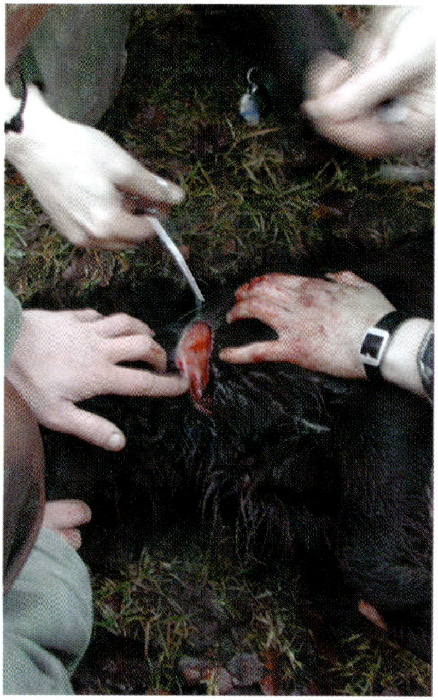

Wird der Hund im Jagdbetrieb verletzt, steht der Halter ohne Solidarkasse oder Tagesversicherung „im Regen".

▸ Solidarkassen oder Jagdhundeversicherung

Auf der Bewegungsjagd setzen Hundeführer den eigenen Hund im Interesse eines gemeinschaftlichen Jagderfolgs ein. Der Erfolg aller hängt von diesen Hunden ab und wird gern „mitgenommen". Mit etwaigen Sorgen bleibt der Hundeführer aber oft allein.

Es ist mehr als frustrierend, sich am Ende eines Jagdtages allein um den ausbleibenden Hund sorgen zu müssen, während eine gleichgültige Jagdgesellschaft nichts Eiligeres zu tun hat, als flugs das Gasthaus aufzusuchen, und man nur mit Mühe und Not einen Ortskundigen dazu überreden kann, bei der Suche nach dem Hund zu helfen. Wird ein Hund verletzt, getötet oder geht er verloren, bleibt dem Halter oft nur aufmunterndes Schulterklopfen. Auf den Tierarztkosten oder unter Umständen den Wiederbeschaffungkosten für einen neuen Hund bleibt er mangels entsprechender Regelungen dann sitzen. Die in die Ausbildung eines Hundes investierte Zeit und den ideellen Schaden, den im schlimmsten Fall der Verlust des vierbeinigen Partners bedeutet, kann ohnehin niemand ersetzen.

Solidarkasse Hundeführer – zwei Beispiele

Der Einsatz von Jagdhunden nutzt allen Jägern, vor allem bei der Bewegungsjagd. Zwei Modelle, um das materielle Risiko eines Schadens an jagdlich eingesetzten Hunden auf eine Solidargemeinschaft zu verteilen, sollen hier vorgestellt werden:

In einem westdeutschen Mittelgebirgsrevier wird vor Beginn einer jeden Bewegungsjagd von den teilnehmenden Schützen ein Solidarbeitrag von 5 € erhoben, der in die „Solidarkasse Hundeführer“ fließt. Die Kasse wird von gewählten Vertrauensleuten auf der Grundlage einer Satzung verwaltet. Je nach Mittelstand werden aus dem jagdlichen Reviereinsatz resultierende Tierarztkosten oder ggf. die Kosten eines Welpenneukaufs voll bzw. teilweise erstattet.

Interessant ist auch die „Hunde-Selbsthilfekasse“ des Landesjagdverbandes Mecklenburg-Vorpommern: Ein fester Anteil der Mitgliedsbeiträge wird dazu verwandt, Verbandsmitgliedern, deren Hund auf der Jagd tödlich verunfallt, den wirtschaftlichen Verlust zumindest teilweise zu ersetzen. Voraussetzung ist, dass sich der Hund in der jagdlichen Ausbildung befindet und ab dem Alter von drei Jahren die jagdliche Brauchbarkeit nach den Bestimmungen des Landes nachgewiesen hat.

Ein verantwortungsbewusster Jagdherr wird zumindest dafür Sorge tragen, dass das materielle Risiko für die Hundeführer minimiert wird. Durch die Erhebung eines Solidarbeitrags von jedem Schützen zu Beginn der Jagd, der gegebenenfalls für Tierarztkosten oder auch Ausgleichszahlungen bei Verlust eines Hundes verwendet wird, kann auf die Schultern aller verteilt werden.

Die Möglichkeiten, das Schadensrisiko für Jagdhunde über eine Versicherung abzudecken, sind derzeit noch begrenzt, werden aber zwischen offiziellen Vertretern der Jägerschaft oder des Jagdhundewesens und Versicherungsunternehmen sondiert. Konditionen, Modalitäten und der Kreis möglicher Versicherungsnehmer sind sehr unterschiedlich. Die schon realisierten und noch diskutierten Modelle reichen von einer Tagesversicherung der bei einer Bewegungsjagd eingesetzten Hunde via Faxmeldung und Überweisung des Versicherungsbeitrags am Jagdtagmorgen, über Verträge zur Absicherung eines festen Hundekreises für die ganze Bewegungsjagdsaison, bis hin zu ganzjährig gültigen Jagdhund-Anschlussversicherungen an eine bestehende Jagdhaftpflicht für jeden Jäger bzw. die Mitglieder bestimmter Jagdorganisationen. Jeder Jagdleiter bzw. Jäger mit Hund sollte sich bei Interesse erkundigen, welche Versicherungsmöglichkeiten bereits bestehen oder zukünftig vielleicht bestehen werden.

▸ Überjagen – Störung fremden Jagdrechts

Kann das Überjagen einzelner Hunde nicht ausgeschlossen werden – und das kann es wohl nie definitiv – ist es grundsätzlich sinnvoll, die Jagdnachbarn von einer geplanten Bewegungsjagd zu unterrichten und um ihre Zustimmung zum Einsatz frei jagender Hunde zu bitten. Dies dient nicht nur einem vertrauensvollen Nachbarschaftsverhältnis, sondern hilft, Missstimmung bis hin zu juristischen Auseinandersetzungen zu vermeiden.

Nach Auffassung verschiedener deutscher Gerichte stellt nämlich das unerlaubte Überjagen von Hunden in das Nachbarrevier anlässlich einer Bewegungsjagd eine Störung fremden Jagdausübungsrechts dar, gegen die nach § 1004 (1) BGB auf Unterlassung geklagt werden kann, wenn mit einer Wiederholung bei künftigen Jagden zu rechnen ist. Wiederholungsgefahr besteht natürlich dann, wenn

- in der Vergangenheit bereits eine solche Jagd mit Störungen stattgefunden hat, aber auch dann, wenn
- nach einer Jagd mit entsprechenden Störungen der Jagdausübungsberechtigte eine verbindliche Erklärung über den zukünftigen Verzicht auf solche Jagden verweigert.

Überjagen verhindern – was der Jagdleiter beachten muss

- ☐ Eignung des Reviers für die Bewegungsjagd (Flächengröße, Grenzverlauf, Grenznähe der Einstandsflächen etc.)
- ☐ Art des Jagens der eingesetzten Hunde und deren entsprechende Verteilung
- ☐ Konkret erforderlicher Grenzabstand der eingesetzten Hunde

Ein Unterlassungsanspruch des Jagdnachbarn kann schon gegenüber einer erstmals durchgeführten Jagd bestehen, wenn nach den örtlichen Gegebenheiten oder auf Grund der Organisation der Jagd erhebliches Überjagen als wahrscheinlich angenommen werden kann.

Nimmt der Jagdleiter ein Überjagen gar billigend in Kauf, indem er Hunde in unmittelbarer Reviergrenznähe einsetzt, kommt hier sogar der Straftatbestand einer – mittelbaren – Wilderei nach § 292 StGB durch den Jagdleiter in Betracht. Der Wilderei kann sich auch der Hundeführer schuldig machen, wenn er selbst mit dem unerlaubten Überjagen seines Hundes rechnet.

▸ Vorkehrungsmaßnahmen

Bei fehlender Zustimmung einzelner Jagdnachbarn zur Bewegungsjagd sollte der Jagdleiter daher alle möglichen und zumutbaren Vorkehrungen treffen, um das Überjagen der eingesetzten Hunde zu verhindern und so Ärgernissen und einem etwaigen juristischen Nachspiel aus dem Weg gehen. Dazu gehört es beispielsweise,

- Bewegungsjagden nur auf großer Fläche, ggf. revierübergreifend mit weiteren Jagdnachbarn durchzuführen,
- auf einen Hundeeinsatz in Grenznähe ganz zu verzichten bzw. dort nur bewegliche Hundeführer mit individuell geeigneten, weil zuverlässig kurz jagenden Hunden einzusetzen,
- weiter vom Stand aus jagende Hunde nur bei entsprechend großer Jagdfläche und in ausreichendem Abstand zu Reviergrenze einzusetzen,
- Einstandsflächen, die sich bis an oder über die Jagdgrenze hinaus erstre-

cken, nur mit angeleinten Hunden durchdrücken zu lassen.

▸ **Regeln bei Nachsuchen**

Neben den schon erwähnten haftungsrechtlichen Fragen im Zusammenhang mit der Nachsuche sind bei dieser Art des Hundeeinsatzes weitere Regeln zu beachten. Während der Nachsuche hat der Hundeführer die Stellung eines Jagdleiters und ist gegenüber den übrigen Nachsuchenteilnehmern weisungsbefugt (§ 5 (1) UVV Jagd). Er muss für seine eigene Sicherheit sorgen. Hierzu zählt das Tragen von geeigneter Schutzkleidung ebenso wie der Schutz der eigenen Waffe vor dem Eindringen von Fremdkörpern.

Kindern und Jugenlichen ist die Teilnahme an Nachsuchen verboten.

Führt die Krankfährte des nachgesuchten Stückes in das Revier des Jagdnachbarn, sind die örtlich getroffene Wildfolgevereinbarungen bzw. andernfalls die jeweiligen landesrechtlichen Vorgaben einzuhalten.

Fleischhygiene und Tierseuchenvorsorge

Am Ende gut organisierter Bewegungsjagden kann meistens eine recht ansehnliche Strecke verblasen werden, deren Wildbret einen nicht unerheblichen Wert darstellt. Dieses Wild wird in den meisten Fällen nicht vom Jagdausübungsberechtigten selbst verwertet, sondern den Jagdteilnehmern zum Verkauf angeboten bzw. an Dritte veräußert. Gerade für die Wildversorgung und -verwertung auf Bewegungsjagden sind daher die Wildbrethygiene-Vorschriften peinlich genau einzuhalten.

Der Schweißhundführer – nach UVV Jagd hat er bei der Nachsuche die Stellung eines Jagdleiters und ist weisungsbefugt.

▸ **Die besondere Verantwortung des Jägers**

Rechtliche Grundlagen der Wildbrethygiene bei Haarwild sind das *Fleischhygienegesetz* (FlHG) und die *Verordnung über die hygienischen Anforderungen und amtlichen Untersuchungen beim Verkehr mit Fleisch (Fleischhygiene-Verordnung – FlHV)*. Im Zuge der EU-Harmonisierung ist derzeit eine neue EU-Lebensmittelrichtlinie in Vorbereitung, deren Inhalt bei Drucklegung dieses Buches noch nicht absehbar war.

Im Vertrauen auf den besonderen Sachverstand des Jägers nimmt das derzeit gültige Fleischhygienegesetz in §1 (1) erlegtes und verunfalltes Haarwild im Gegensatz zu Nutztieren, die für den menschlichen Genuss bestimmt sind, von der Pflicht zur amtlichen Untersuchung vor der Tötung (Schlachttieruntersuchung) und danach (Fleischuntersuchung) aus. Letztere darf aber nur entfallen, wenn keine Merkmale festgestellt werden, die den Genuss des Fleisches bedenklich erscheinen lassen, und das Wild zum Eigenverbrauch verwendet oder an einzelne natürliche Personen zu diesem Zweck abgegeben wird oder in kleinen Mengen an nahe gelegene Weiterverarbeitungsbetriebe geliefert wird, die es zum Verzehr an Ort und Stelle (Gastronomie) oder zur Eigenverwertung an Vebraucher abgeben.

Damit überantwortet das Gesetz dem Jäger die Beurteilung bedenklicher Merkmale am lebenden Wild hinsichtlich des äußeren Erscheinungsbilds und Verhaltens und nach dem Schuss am Wildkörper, an Organen und Wildbret. Dies gilt für Wild, das im Rahmen der Einzeljagd erlegt wird, ebenso wie für auf Bewegungsjagden erlegtes Wild.

▸ Fleischuntersuchung und Trichinenschau

Werden an Wild oder Wildbret bedenkliche Merkmale festgestellt, unterliegt das Fleisch unabhängig von einer Verwendung im Rahmen des Eigenverzehrs oder der Abgabe an Jagdteilnehmer oder Dritte der amtlichen Untersuchungspflicht nach § 1 (1) FlHG.

Schwarzwild, dem das Hauptaugenmerk der meisten Bewegungsjagden gilt, muss vor der Verwertung immer amtlich auf Trichinen untersucht werden (§1 (3) FlHG).

Der amtlichen Trichinenschau unterliegen auch Füchse, Dachse, Sumpfbiber und andere fleischfressende Tiere, wenn ihr Fleisch zum menschlichen Genuss verwendet werden soll. Bei Abgabe an be- oder verarbeitende Betriebe (Fleischerei, Gastronomie) oder einen Jagdscheininhaber kann die Pflicht zur Fleischuntersuchung und zur Trichinenschau an den in diesen Fällen sachkundigen Abnehmer übertragen werden (§4 (2) FlHV). Über etwa festgestellte bedenkliche Merkmale ist der Abnehmer selbstverständlich zu informieren, die inneren Organe des Wildtiers sind ihm vollständig zu übergeben.

Die Proben für die Trichinenschau darf nur der amtliche Tierarzt oder ein zugelassener Fleischbeschauer entnehmen, wozu ihnen das Stück Schwarzwild in seiner Gesamtheit vorgestellt werden muss. Eine Probenentnahme durch den Jäger selbst ist nicht zulässig.

▸ Fäulnis und Verhitzen

Zu den gesundheitlich bedenklichen Merkmalen des Wildbrets – mit der Folge der Untauglichkeit für den menschlichen Genuss – zählt unter anderem auch bakterielle Fäulnis des Fleisches, die infolge zu späten Ausweidens auftritt. Bei zu spätem Aufbrechen kommt es zudem zu einem Verhitzen des Fleisches, der so genannten stickigen Reifung, die ebenfalls Untauglichkeit für den menschlichen Genuss zur Folge hat. Wie schnell diese Prozesse verlaufen, hängt auch von den Außentemperaturen ab.

Für rechtzeitiges Aufbrechen und anschließendes Herunterkühlen des Wildes auf die von der FlHV für Schalenwild vorgeschriebene Kerntemperatur von + 7° C muss bei Bewegungsjagden gesorgt werden. Da der Schütze den Stand aus Sicherheitsgründen erst am Ende des Treibens verlassen darf, ist die zeitliche Dauer des Treibens so zu bemessen, dass eine ordnungsgemäße Wildversorgung gewährleistet ist, oder eine Jagdpause zum Aufbrechen zwischenzuschalten.

In Schweinepestgebieten müssen am Schwarzwild Organproben entnommen werden – am besten geschieht dies zentral.

Tierseuchengesetz

Nach dem Auftreten der Klassischen Schweinepest (KSP) in vier bisher nachgewiesenen Virustypen in verschiedenen Teilen Deutschlands haben das Tierseuchengesetz (TierSG) und die auf dessen Grundlage erlassenen landesrechtlichen tierseuchenrechtlichen Bestimmungen für Bewegungsjagden auf Schwarzwild in den betroffenen Regionen große Bedeutung gewonnen. Wichtigstes Instrument zur Verhinderung einer Ausbreitung dieser auch im Sinne von § 24 BJagdG anzeigepflichtigen Seuche ist die wildbiologisch sinnvolle Bejagung dieser Wildart, die auf der Bewegungsjagd der Jagdleiter durch entsprechende Freigabebestimmungen sicher stellen muss (vgl. Kap. „Bewegungsjagd und Wild" u. „Der Jagdtag").

Daneben sind das zentrale Aufbrechen des Schwarzwildes und die Entnahme von Blutproben und Organproben (z. B. Milz, Niere oder Lymphknoten aus dem Unterkiefer und Darmbereich) an allen erlegten Sauen zu Untersuchungszwecken unter der Aufsicht eines Beauftragten Maßnahmen der Seuchenkontrolle im Rahmen der Bewegungsjagd.

Auf eine ordnungsgemäße Wildbrethygiene und Seuchenvorsorge bei der Bewegungsjagd wird auch im Kapitel „Der Jagdtag" noch einmal eingegangen.

Bewegungsjagd und Wild

von Ekkehard Ophoven

Möglichkeiten und Grenzen der Bewegungsjagd

Drückjagden und Treibjagden haben lange Tradition. Zeitweise wurden sie fast ausschließlich auf Schwarzwild ausgeübt und waren auf wiederkäuendes Schalenwild bei den meisten Jägern verpönt.

Angesichts dramatisch angestiegener Schwarzwildzahlen in Deutschland und vielen Teilen Europas hat die modifizierte Form der heutigen Bewegungsjagd gerade für die effektive Bejagung dieser nicht abschussplanpflichtigen Wildart wieder herausragende Bedeutung gewonnen. Aber auch zur Erfüllung der Abschusspläne bei anderem Schalenwild kann vielerorts die Bewegungsjagd beitragen – ungeachtet der Frage, ob diese Planvorgaben immer realistisch und wildbiologisch vertretbar sind.

Je strukturreicher der Wald, desto schwerer ist eine effektive Einzeljagd, die nicht zur „Dauerbelagerung" werden soll.

Einzeljagd wird immer schwerer

Infolge der zunehmenden Wildfeindlichkeit der freien Landschaft stellt der Wald den einzigen Rückzugsraum des Schalenwildes dar.

Dort aber wird die Einzeljagd immer schwerer und uneffektiver: Die Umstellung des Waldbaus von der Flächenwirtschaft auf kleinflächige bzw. einzelbaumbezogene Wirtschaftsformen mit strukturreichen Waldbildern schafft verstärkt uneinsehbare Deckungsflächen – hinzu kamen im letzten Jahrzehnt als Erbe der Jahrhundertstürme „Vivian", „Wiebke" und „Lothar" riesige Schadflächen, die nach Wiederaufforstung oder infolge Sukzession zusätzliche vielfache Deckungsmöglichkeiten bieten. Infolge zunehmender Erholungsaktivitäten im Wald verlagern sich nicht zuletzt die Aktivitätsphasen des Wildes zunehmend in die Dunkelheit.

▸ Jagddruck senken

Jede Form der Jagd, also auch die Einzeljagd, erzeugt Jagddruck und Stress für das Wild. Der Einzeljäger wird nicht erst mit dem Gebrauch der Schusswaffe zum Stressfaktor für das Wild, sondern schlicht und einfach schon durch seine Anwesenheit, die sich dem Wild durch seine Wittrung über große Distanzen mitteilt – der Wind steht nämlich immer nur in eine Richtung gut.

Im Gegensatz zu den zahlreichen Spaziergängern, Joggern und Mountainbikern – vom Jäger gern als Geißel des Wildes betrachtet – bewegt sich der Einzeljäger nicht auf kanalisierten eingefahrenen Bahnen, sondern erfolgsorientiert abseits der Wege und dort, wo Wild zu erwarten ist – an Äsungsplätzen, Wechseln und in Einstandsnähe. Er ist damit für das Wild wesentlich unberechenbarer als der „normale" Waldbesucher und sicher der größere Störfaktor.

Muss oder soll der gesamte Schalenwildabschuss unter den geschilderten erschwerten Bedingungen auf der Einzeljagd erfüllt werden, führt dies in vielen Revieren nicht selten zu einer Art Dauerbelagerungszustand, der die Ineffektivität dieses Jagens nur noch steigert und einen permanenten Jagddruck für das Wild, nicht selten bis weit in den Januar hinein, bedeutet.

Hier bieten gut organisierte Bewegungsjagden die Möglichkeit, den noch ausstehenden Abschuss zumindest in Teilen auf ein oder zwei Tage konzentriert zu erfüllen – im sicher seltenen Idealfall kann die Jagd im November/Dezember eingestellt und die tatsächliche Jagdzeit um ein bis zwei Monate verkürzt werden.

▸ Bewegungsjagd ist kein Allheilmittel!

Kaum aber werden herbstliche Bewegungsjagden die vernünftig durchgeführte Einzeljagd ersetzen können. Bewegungsjagden werden immer nur eine rein quantitative, mehr oder weniger auf die Jugendklasse beschränkte Abschusserfüllung leisten – eine qualitative Auslese in den höheren Altersklassen, wie z. B. die Erlegung eines gewissen Anteils an Beibachen beim Schwarzwild, ist dort nicht durchführbar und muss immer Aufgabe des erfahrenen Einzeljägers bleiben. Als Maßstab für „Qualität" wird hierbei nicht die Trophäe, sondern die Ausrichtung an wildbiologisch sinnvollen Alters- und Sozialstrukturen verstanden. Stimmen diese, ist die Ernte reifer Trophäen ein vorhersehbarer Lohn.

Tipp

Wer nur auf Bewegungsjagden setzt, liegt falsch! Aus einem deutschen Mittelgebirgsrevier, in dem auf Schwarzwild, Rehwild und nur gering vertretenes Rotwild neben intensiver Einzeljagd auch regelmäßig sehr gut organisierte Bewegungsjagden stattfinden, liegen hierzu Zahlen vor: Über sechs Jahre wurde die Schwarzwildjahresstrecke nur zu durchschnittlich 22, 4% auf den Bewegungsjagden erlegt, beim Rehwild zu 11,1% und beim Rotwild zu 28,1%.

Ungeachtet aller wildbiologischen Erfordernisse, denen wir nicht auf der Bewegungsjagd allein gerecht werden können, lässt sich auch rein quantitativ der Abschuss in der Regel nichtnur bei diesen Jagden erfüllen.

Ganz abgesehen von wildbiologischen Restriktionen, denen die Bewegungsjagd immer unterliegen muss, ist es aber auch ein Trugschluss zu glauben, auf diesen Veranstaltungen vorangegangene Versäumnisse bei der Abschussplanerfüllung aufholen zu können. So ergiebig sind bei normalen Wildbeständen auch gut organisierte Bewegungsjagden nicht.

Auch für eine rein zahlenmäßige Abschusserfüllung wird es immer nötig sein, schon vor dem Herbst die saisonalen Aktivitätsphasen des Wildes gezielt zur Jagd zu nutzen.

„Wolfstage“ im Revier

Ob der Einzeljäger dem Wild am Wechsel, in der Nähe des Einstands oder bei der Nahrungsaufnahme nachstellt, Treiber das Wild aus der Deckung jagen oder dies nur von Hunden übernommen wird – Jagd ist für das Wild immer mit Stress und mitunter mit Schmerzen verbunden.

Die Bache verdeckt die Frischlinge – hier hat der Finger gerade zu bleiben!

Der Tod des Wildtiers ist im Rahmen der Jagd und der gesetzlichen Pflicht zur Wildstandsregulierung unausweichlich. Schmerzen und Leiden so gering wie möglich zu halten und dem Wild unnötige Schmerzen zu ersparen, ist nicht nur eine normative Forderung des Tierschutzgesetzes, sondern darüber hinaus schlichtweg ein ethisches Gebot.

▸ Die Verantwortung des Einzelnen

Im Rahmen der Bewegungsjagd kann und muss zunächst der Jagdleiter bei der Organisation und Durchführung hierauf Einfluss nehmen.

Durch weiträumiges Abstellen der Schützen in ausreichendem Abstand zu den beunruhigten Einständen kann er dafür sorgen, dass das Wild die Schützen nicht zu schnell anwechselt, und so das Risiko unvertretbarer Schüsse minimieren. Er ist auch dafür verantwortlich, dass nur individuell geeignete Hunde eingesetzt werden, die zuverlässig einzeln jagen und nicht zur Meutebildung neigen, aber auch nicht dazu, einzelnen Gesundfährten ewig lang nachzuhängen und das Wild stets neu aufzumüden. Letztlich muss der Jagdleiter auch seine Gäste vor dem Beginn der Jagd an die Gebote der Weidgerechtigkeit erinnern und ausdrücklich zu diszipliniertem Verhalten aufrufen.

Ganz besonders ist hier aber auch jeder einzelne Schütze gefordert: Er weiß am besten, wie es um seine persönlichen Schießfertigkeiten bestellt ist, und wie bei allen Formen der Jagd entscheidet letztlich er, in welchen Situationen er ein Wildtier noch sauber zur Strecke bringen kann oder aber den Finger gerade lassen muss.

Tipp

Manche Jagdherren lassen Gäste zur Einzel- oder Bewegungsjagd nur zu, wenn sie die Jahresschießnadel, eine gewisse Anzahl von Übungsschüssen auf den laufenden Keiler oder einen anderen Schießleistungsnachweis vorweisen können. Das garantiert zwar in der Regel immer noch keine Meisterschützen, löst aber zumindest doch den ein oder anderen Schießstandbesuch aus und hat vor allem auch wichtigen symbolischen Charakter!

Bei der Bewegungsjagd ist bei dieser Entscheidung freilich ein strengerer Maßstab anzulegen als beim aufgelegten Schuss auf stehendes Wild vom Ansitz aus.

▸ Faktor Stress

Wie steht es aber nun mit dem Stress, dem das Wild auf der Bewegungsjagd ausgesetzt ist? Ist er unvertretbar? Das Schalenwild lebt seit jeher mit der Verfolgung durch Räuber, die seine Evolution maßgeblich mitbestimmt hat. Deshalb mag das Jagdverhalten von Wolf und Luchs als den Hauptprädatoren des Schalenwilds in unseren Breiten als Maßstab dafür dienen, welchen Stress das Schalenwild durch natürliche Räuber erleidet und ob ihm „Wolfstage" in Form von Bewegungsjagden zugemutet werden können.

▸ Ein Blick auf Wolf und Luchs

Wölfe jagen vorwiegend im Rudel, der Luchs einzeln. Beiden Arten ist gemeinsam, dass sie erst bei größeren Beutetieren ausgeprägt selektiv jagen und dabei wenig Rücksicht auf „familiäre Bande" nehmen: Wölfe reißen überwiegend Rotkahlwild und geringe Hirsche – starke Elche, die sich stellen, werden in der Regel gar nicht erst attackiert. Der Luchs reißt nahezu ausschließlich Rehe, die er ohne Ansehen von Stärke und Geschlecht erbeutet, oft also auch die Ricke, sodass die Kitze verwaisen.

Unter der Voraussetzung, dass die Freigabebestimmungen korrekt sind, eingehalten werden und keine führenden Stücke zu Strecke kommen, jagt der Mensch in diesem Punkt sowohl auf der Einzel- als auch auf der Bewegungsjagd nach seinem Verständnis „humaner". Das wehrhafte Schwarzwild wird nur selten vom Luchs gerissen und wohl auch vom Wolf eher gemieden. Das macht es vielleicht verständlich, warum auch so mancher Jagdhund seinen Schneid an Sauen vergisst ...

▸ Belastet Fährtenwille das Wild?

Ein weiteres gemeinsames Merkmal des Jagdverhaltens von Wolf und Luchs ist, dass sie vom Überraschungserfolg zehren, ihre Jagd also nie lange dauert – im Falle des Luchses meist nur Sekunden, aber auch beim Wolf nur fallweise nach einem „Antesten" wesentlich länger – und bei Misserfolg sofort abgebrochen wird. In diesem Punkt besteht ein Unterschied zu unseren Hunden auf der Bewegungsjagd. Wengleich der Dauerjäger auch hier unerwünscht ist, verlangen wir doch vom Jagdhund einen gesunden Fährtenwillen, sodass er das Wild länger verfolgt als es die ursprünglichen Prädatoren des Schalenwilds in der Regel taten.

Das Wild ist nach langer Evolution körperlich und in seinem Fluchtverhalten allerdings nach wie vor sehr gut auf Räuber von der Qualität eines Luchses oder Wolfes eingerichtet, auch wenn es diese eineinhalb Jahrhunderte bei uns nicht mehr gab.

Nichts gegen unsere Jagdhunde – einem Vergleich mit dem Spitzenjäger Wolf können aber sie ebenso wenig standhalten wie der Hobbykicker mit einem Bundesligaprofi. So kann zumindest aus menschlicher Sicht der „Nachteil" des längeren (und nicht sichtigen!) Jagens unserer Hunde auf größere Distanz wohl nicht als gravierendes Problem für die Wildtiere betrachtet werden. Wer selbst des Öfteren zusehen konnte, wie Rot- und Rehwild Hunde gelegentlich „austanzt", muss diesen Eindruck jedenfalls bekommen.

Der Vollständigkeit halber soll deshalb hier auch kurz darauf verwiesen werden, dass Schalenwild auch von seinen natürlichen Feinden oft auch alles andere als rasch und schmerzfrei getötet wird. Dies entbindet freilich uns Jäger – um hier keine Missverständnisse aufkommen zu lassen – weder von der gesetzlichen Verpflichtung noch von dem ethischen Gebot, das Risiko solcher Vorfälle zu minimieren und auch selbst Wild so schmerzfrei und rasch wie möglich zur Strecke zu bringen.

▸ Mittelbare Stressverminderung
Wie weiter vorn ausgeführt, erzeugt auch die Einzeljagd durchaus Jagdstress für das Wild – vor allem dann, wenn sie nicht mit zeitlichen Schwerpunkten in Orientierung an die saisonalen Aktivitätsphasen des Wildes durchgeführt wird, sondern unter dem Druck der Abschussplanerfüllung in monotones „morgens 'raus" – „abends 'raus" ausufert. Dieser Stress entsteht nicht durch eine unmittelbare Konfrontation mit Hunden und Jägern wie bei der Bewegungsjagd, denn zweifelsohne stirbt das Stück Wild, das bei gutem Wind vor dem Einzeljäger austritt und ruhig äsend eine saubere Kugel bekommt, „angenehmer" als das zuvor von Hunden gejagte. Stress entsteht vielmehr für das Wild, dem die Gegenwart des Hauptfeindes Mensch in seiner „Privatsphäre" durch dessen Witterung zugetragen wird und das der Jäger während des Ansitzes folgerichtig gar nicht zu Gesicht bekommt, und natürlich auch für die Tiere, die er auf dem Weg zum Hochsitz am Einstandsrand, bei der Rückkehr zum Auto oder auch nur durch ungeschicktes Verhalten nach dem vertrauten Austreten vergrämt.

Diesen Stress kann die gut organisierte Bewegungsjagd mittelbar verringern, wenn sie es ermöglicht, die Einzeljagd auf saisonal sinnvolle zeitliche Schwerpunkte zu beschränken und das Wild so früh wie möglich ganz in Ruhe zu lassen.

Schwarzwild

Die nun folgende Beschreibung der Schalenwildarten und ihres Verhaltens soll sich auf Schwarzwild, Rehwild und Rotwild beschränken. Diesen drei Arten gilt mit unterschiedlicher Gewichtung die Bewegungsjagd in den meisten Fällen, andere Schalenwildarten werden nur in wenigen Regionen auf der Bewegungsjagd bejagt.

Das Schwarzwild ist die Schalenwildart, der schon immer die Hauptbemühungen der Gesellschaftsjagd galten und nach der starken Zunahme dieser Art auch heute wieder gelten.

Keine andere Schalenwildart ist strenger sozial in Familienverbänden organisiert als das Schwarzwild. Bei jeder Jagdform auf dieses Wild muss eben diese Sozialstruktur, die eng gekoppelt mit einer ausgewogenen Alterstruktur ist, streng berücksichtigt werden.

Zur Unzeit gerischt: Liegen im Herbst gestreifte Frischlinge auf der Strecke, stimmt die Sozialstruktur des Schwarzwildes nicht!

▸ Leitbachen schonen!

Oberstes Gebot bei der Bewegungsjagd ist natürlich die Schonung der Bachen, da sie in der Regel führen und die Sozialstruktur innerhalb der Rotte prägen. Der im Rahmen der Schwarzwildbewirtschaftung zweifelsohne notwendige Abschuss von Beibachen muss der sorgfältigen Einzeljagd vorbehalten bleiben und darf niemals Ziel der Bewegungsjagd sein!

Leitbachen von den übrigen Bachen zu unterscheiden, ist auf der Bewegungsjagd schlicht unmöglich! Kommen sie zur Strecke, ist dies besonders fatal. Ob es um die Bestandskontrolle oder die Vermeidung von Schwarzwildschäden geht – immer muss die unbedingte Schonung der ältesten Führungsbachen in den matriarchalisch ausgerichteten Rotten, der Leitbachen also, im Mittelpunkt stehen.

Dass dieses zentrale Gebot immer noch zu wenig beachtet wird, kann man am Ende einer Bewegungsjagd nicht selten an der Strecke feststellen. Liegen dort Frischlinge aller Größen, ist dies ein sicheres Indiz dafür, dass es um die Sozialstruktur der Sauen im Gebiet schlecht bestellt ist.

Die Gefahr des Abschusses von Leitbachen ist bei der Bewegungsjagd naturgemäß höher als bei der Einzeljagd. Die Rotten sollen im Interesse eines mög-

Tipp

Leitbachen sind die „Schlüsselfiguren“ der Schwarzwildbewirtschaftung! Wenn sie fallen, beginnt der Teufelskreis: Fehlende Rauschzeitsynchronisation, deren Bedeutung schon Hans Meynhardt nachwies, führt zu unkoordiniertem Rauschen und Frischen der jüngeren Bachen rund ums Jahr. Desorientierte, weil führungslose Sauen, die von anderen Rotten grundsätzlich abgeschlagen werden, verursachen an allen Ecken Wildschäden, die jagdlich noch weniger als ohnehin schon zu verhindern sind. Geben sie ihre Standorttreue dann gezwungenermaßen auf, leisten sie in Pestgebieten der Seuchenverbreitung weiteren Vorschub!

Tipp

Vorsicht bei einzelnen starken Stücken! Sie sind genauso wenig automatisch Keiler wie nicht führend. Erfahrene Bachen setzen sich nicht selten von der Rotte oder den Frischlingen ab und ziehen den jagenden Hund gezielt auf sich! Während sie dann dem Schützen allein erscheinen, drücken sich die Frischlinge in der Zwischenzeit oder bringen sich in Sicherheit!

Das scheint nicht überall bekannt zu sein, denn oft heißt es vor Beginn der Jagd: „Starke Stücke bitte nur beschießen, wenn sie alleine kommen.“ Dies führt regelmäßig zu fatalen Fehlabschüssen.

lichst hohen Jagderfolgs von den Hunden vorübergehend gesprengt werden. Gelingt dies, tauchen nicht selten einzelne Sauen auf, die mangels Größenvergleich von den wenigsten Jägern immer eindeutig angesprochen werden können – nirgendwo werden soviel Fehler gemacht wie beim Schuss auf die einzelne Sau!

▸ Was wird bejagt?

Das Risiko von Bachenabschüssen muss der Jagdleiter über exakte Freigabebestimmungen minimieren. Am sichersten ist es, auf der Bewegungsjagd nur Frischlinge freizugeben. Sie sind an der Größe und Färbung wohl von jedem Jäger eindeutig anzusprechen.

Bei den meisten Bewegungsjagden ist es üblich, die gesamte Jugendklasse, also auch Überläufer freizugeben. Bei einer Angabe von Gewichtsgrenzen sind das je nach örtlichen Verhältnissen meist Stücke bis zu 40 oder 50 kg. Die Freigabe von Überläufern liegt im Interesse einer möglichst hohen Strecke und Effektivität der Jagd, birgt aber schon gewisse Risiken, über die sich der Jagdleiter klar sein muss. Einmal können individuell starke Gewichtsunterschiede beim Schwarzwild (vgl. Kap. „Der Jagdtag“) dazu führen, dass am Ende doch eine schwache führende Bache auf der Strecke liegt, zum anderen sind auch führende Überläuferbachen – deren Vorkommen heute wohl nirgendwo mehr sicher auszuschließen ist – Elterntiere im Sinne des § 22 (4) BJagdG.

Ob die Bewegungsjagd der richtige Zeitpunkt zur Erlegung reifer Keiler ist, liegt ebenfalls im Ermessen des Jagdleiters. Dort, wo sie freigegeben wurden, hat sich am Ende der Jagd so mancher vermeintliche „Basse“ als nur dreijähriger Keiler oder gar starke Bache entpuppt.

▸ Sauen sind hartnäckig

Sauen ohne entsprechend schwarzwildscharfe Hunde aus den Einständen vor die Schützen zu bringen, ist ein aussichtloses Unterfangen. Auch an die Hunde müssen in puncto Schneid und Ausdauer hohe Ansprüche gestellt werden. Schwarzwild versucht, so lange es geht, in der Deckung zu bleiben. Je größer die Erfahrung mehrjähriger Sauen mit Bewegungsjagden ist, umso schwieriger ist es, sie überhaupt zum Verlassen der Dickung zu bewegen. Werden in großen Dickungskomplexen zu wenig Hunde eingesetzt oder sind diese nicht ausdauernd genug, passiert es nicht selten, dass Hundeführer und ggf. Treiber im Einstand ein wahres Sau-Spektakel erleben, die Schützen am Ende des Treibens draußen auf die Frage nach deren Vorkommen aber nur mit den Schultern zucken.

Hier zählt die Erfahrenheit der Hundeführer: Sie sollten beurteilen können, ob das Schwarzwild die Deckung verlassen hat oder ob sie ggf. noch einmal „nacharbeiten" müssen.

Immer wieder kommt es auch vor, dass stärkere Sauen sich im Bewusstsein ihrer körperlichen Überlegenheit den Hunden eher stellen und diese mitunter sogar ihrerseits attackieren, als die Deckung zu verlassen. Hier ist der Hundeführer gefordert, den oder die Vierbeiner zu unterstützen.

Das Einlegen einer „Hundepause", in der die Hunde vorübergehend angeleint werden (vgl. Kap. „DiePlanung im Vorfeld"), verspricht gerade im Hinblick auf das Beharrungsvermögen der Sauen im Einstand Erfolg. Erfahrene Bachen, die bei vollem Jagdbetrieb den Einstand nicht verlassen, nutzen dann die vermeintliche Ruhe gern, um die Rotte oder Frischlinge aus der Gefahrenzone zu bringen.

▸ Permanente Beunruhigung verspricht Erfolg

Verlassen Sauen bei entsprechendem Druck den Einstand, wechseln sie immer auf kürzestem Weg in die nächst erreichbare Deckung, nur ungern fliehen sie durch lichte Bestände. Die Kenntnis solcher Fluchtwechsel ist für die Auswahl der Schützenstände von entscheidender Bedeutung. Sind die Verbindungswechsel so kurz, dass das Wild sie hochflüchtig nimmt, gehören dort allerdings nur erfahrene gute Schützen hin.

Da Sauen sich meist nur von Deckung zu Deckung bewegen, ist es erfolgversprechender, Hundeführern mit kurz jagenden Hunden einen festen Einstandsbereich zuzuweisen, den sie während des ganzen Treibens immer wieder durcharbeiten sollen, als sie in einer Linie das ganze Treiben ablaufen zu lassen (s. Kap. „Planung"). Solche Linien durchbricht das Schwarzwild mit Leichtigkeit nach hinten, um sich dann in der nächsten Deckung einzuschieben und für den Rest des Tages unbehelligt zu bleiben.

▸ In Schweinepestgebieten

Das zwingende Gebot der Schonung von Leitbachen gewinnt in Gebieten mit dem Auftreten der Schweinepest zusätzliche Bedeutung. Werden Führungsbachen getötet, zieht das in der Regel ein Auseinanderfallen der Rotte nach sich. Es dauert meist recht lange, bis sich stabile neue Familienstrukturen entwickeln. Die rottentypische Standorttreue geht verloren, die jüngeren Bachen wandern teilweise mitsamt den Frischlingen, den Hauptträgern des Schweinepestvirus, in die weitere Umgebung ab. So wird der Verbreitung der Schweinepest durch Zerstörung der Sozialstrukturen Vorschub geleistet. Dem Tragen die Empfehlungen des Bundesministerium für Verbraucherschutz, Ernährung und Landwirtschaft des Bundesverbraucherschutzministeriums zur Schwarzwildjagd in Schweinepestgebieten Rechnung, in denen es heißt:

„Die Jagd darf dabei nicht zum Versprengen oder zur Störung des Sozialgefü-

ges der Rotten führen! Darum müssen vor allem Leit- und führende Bachen geschont werden [...].“

Die scharfe Bejagung nachgeordneter (Beibachen) bzw. nicht führender Bachen gelegentlich der Einzeljagd bleibt davon unberührt.

Rotwild

Die Vorstellung, „seinem Rotwild“ überhaupt auf dieser Form der Jagd nachzustellen, legt wohl so manchem Inhaber eines Hochwildreviers die Stirn in Falten. Sind die Freigabebestimmungen jedoch klar und werden sie eingehalten, lässt sich aber auch diese Wildart sinnvoll auf der Bewegungsjagd bejagen.

Die Erlegung von Hirschen der höheren Altersklassen ist sicher nicht Aufgabe der Bewegungsjagd und überdies auch nicht nach dem Geschmack der meisten Jäger. Wie eine praktikable Freigabe von Hirschen in der Regel aussehen wird, ist im Kap. „Der Jagdtag“ näher dargelegt.

▸ Vor allem Kälber bejagen

Wie bei Schwarzwild und Rehwild soll auch beim Rotwild auf der Bewegungsjagd vor allem in die Jugendklasse, also bei den Kälbern, geringen Schmalspießern und Schmaltieren eingegriffen werden. Die Ansprache eines Kalbes bereitet auch dem weniger erfahrenen Jäger meist wenig Probleme, zumal sie in der Regel mit dem Alttier anwechseln. Es kann fallweise vorkommen, dass ein Kalb abgesprengt allein vor dem Jäger erscheint. Wer nun nicht mehr sicher ist, muss den Finger gerade lassen.

Tipp

Das Leittier hat für das Rotwildrudel eine gleich wichtige Funktion wie die Leitbache beim Schwarzwild. Sie ist aber beim Rotwild im Gegensatz zum Schwarzwild nicht an ein möglichst hohes Alter gebunden. Welche Kriterien hier neben der Erfahrung eine Rolle spielen, ist wohl nicht näher bekannt. Sicher ist aber, dass nur ein Alttier Leittier sein kann, das selbst ein Kalb führt. Verliert es sein Kalb, verliert es zwangsläufig auch die Stellung im Rudel.

▸ Schmal- und Alttiere

Die Freigabe von Schmaltieren ist nicht ohne Risiko. Unerfahrene Rotwildjäger, und derer gibt es mangels Gelegenheit viele, tun sich nicht leicht damit, ein Schmaltier von einem Alttier zu unterscheiden. Insbesondere dann, wenn sie einzeln anwechseln. Durch entsprechende Freigabebestimmungen (s. Kap. „Der Jagdtag“) kann der Jagdleiter das Risiko weitgehend minimieren.

Alttiere dürfen immer nur geschossen werden, wenn das dazugehörige Kalb liegt! Bei größeren Rudeln ist das erste Allttier als Leittier immer absolut tabu! Und auch das erste Kalb, das fast immer zum vorausflüchtenden Leittier gehört, ist in diesem Fall zu schonen.

▸ Ausdauernd und clever

Rotwild ist wesentlich ausdauernder als Rehwild und vermag über weite Distanzen ein hohes Tempo zu halten. Es verlässt sein individuelles Streifgebiet bei Beunruhigung und Verfolgung fast nie. Dessen Größe von etwa 300 ha be-

Typisches Synchronverhalten des Rotwilds – wer wollte hier verantwortungsvoll schießen?

trägt aber ein Mehrfaches von der des Rehwilds, sodass Rotwild fallweise wesentlich weiter flüchtet. Aus der Erfahrung mit zahlreichen, vielfach als reinen Hundejagden angelegten Bewegungsjagden kann aber festgestellt werden, dass die kilometerweite Flucht vor jagenden Hunden durchaus nicht immer die Regel ist. Auch das Rotwild versteht es immer wieder, laut jagende Hunde im Einstand und sogar auf engstem Raum „auszutricksen". Nicht selten kann man erleben, dass erfahrene Alttiere oder auch kleine Rudel vor den Hunden kreuz quer durch eine Dickung oder ein Stangenholz wechseln, ohne es zu verlassen. Nach relativ kurzer Zeit ist dann die Fährtenwittrung so intensiv in der ganzen Dickung verteilt, dass die Hunde buchstäblich nicht mehr ein noch aus wissen. Ähnlich wie beim Schwarzwild zeigt sich dieses Verhalten besonders dort, wo das Rotwild Bewegungsjagden kennt.

▸ Schussdisziplin ist immer gefordert

Die häufigste Gangart des Rotwilds bei der Flucht ist der Troll. Dass er in wesentlich geraderer Linie verläuft als die Flucht des Rehs und Rotwild ein deutlich größeres Ziel bietet – und außerdem die Gelegenheiten, Rotwild zu strecken, rar sind –, darf nicht dazu führen, dass Rotwild auf unvertretbar große Entfernung beschossen wird. Der Jagdleiter muss hier die Schussdisziplin seiner Gäste einfordern. Das Rotwild bietet dem geduldigen Jäger oder unter Umständen seinen Nachbarn oft Gelegenheiten zu einem guten Schuss: Es unterbricht seine Flucht immer wieder, holt Wind und orientiert sich neu.

Schwierig wird es aber auch in dieser Situation trotzdem noch, wenn der Jäger ein größeres Rudel vor sich hat. Die Stücke rücken bei Gefahr meist recht eng zusammen und zeigen dabei ein für Rotwild typisches Synchronverhalten mit gleichzeitigem Sichern in Richtung der vermuteten Gefahr. Hier ein richtiges Stück herauszusuchen und darauf zu warten, dass es freisteht, oder aber ganz auf den Schuss zu verzichten, erfordert ebenfalls Disziplin!

Rehwild

War die Bejagung des Rehwilds auf der Gesellschaftsjagd zeitweise recht verpönt, wir diese Wildart heute auf fast jeder Bewegungsjagd freigegeben, wenn nicht gar vorwiegend bejagt. Die Freigabe beim Rehwild ist recht einfach: Böcke haben zur Bewegungsjagdsaison Schonzeit – sofern diese nicht bereits vor Mitte Oktober eingeläutet wird – und werden trotz mancher Bemühungen, die Jagdzeit der Böcke bis Ende Dezember auszudehnen, wohl auch zukünftig von den meisten Jägern lieber auf der Einzeljagd erlegt.

Damit bleiben für die Freigabe in jedem Fall Kitze beiderlei Geschlechts und weibliches Rehwild.

Werden bei der Bewegungsjagd auch Ricken freigegeben, hat trotzdem oder gerade der Grundsatz „Kitz vor Geiß“ zu gelten.

Tipp

Ob und ab wann es vertretbar ist, auch Ricken freizugeben, die sich unter Druck schnell von ihren Kitzen trennen und dann allein erscheinen, muss jeder Jagdleiter nach den individuellen örtlichen Verhältnissen entscheiden. In der klimatisch milden Rheinebene mit kaum erwähnenswerten Wintern ist dies sicher früher zu verantworten als in strengen Mittelgebirgslagen.

Schon im September weibliches Rehwild ohne Ansehen des Alters freizugeben, wie es der Verfasser bei einer Jagd erlebt hat, ist aber sicher unter allen Verhältnissen mehr als fragwürdig!

▸ Fluchtverhalten

Rehwild flüchtet in der Regel nur über vergleichsweise kurze Distanzen von Deckung zu Deckung und verhofft auch in lichterem Holz immer wieder, um sich neu zu orientieren und seine Verfolger zu orten. Das Bestreben, den relativ engen gewohnten Aktionsraum nicht zu verlassen oder zumindest rasch dahin zurückzukehren, kann der Jäger bei der Bewegungsjagd oft feststellen: Vor dem fährtenlauten Hund zieht das Reh oft nur Kreise von mehr oder weniger großem Durchmesser, nicht selten passiert es ein oder mehrere Schützenstände mehrfach. Die wellenförmige springende Fortbewegung bei der Flucht – im Troll sieht man Rehwild nur sehr selten – macht einen sicheren und guten Schuss auf flüchtiges Rehwild fast unmöglich. Aufgrund seines Fluchtverhaltens ist er auch nicht erforderlich. Kommt das Reh einem Schützen nicht schussgerecht, haben die Nachbarn oder gar er selbst später meist eine weitere und bessere Chance, wenn es vor ihnen verhofft.

▸ „Unsichtbare" Rehe

Rehwild ist physiologisch nicht auf ausdauernde Fluchten eingerichtet und ermüdet vergleichsweise schnell. Um es zur Flucht zu bewegen, braucht es keine rabiat wildscharfen oder sehr robusten Hunde. Auf reinen Rehwildjagden sind Teckel und Terrier unter nicht allzu schwierigen Geländebedingungen eine gute Wahl.

Gleichwohl ist das Reh ein „Meister im Versteckspielen", der mit Treibern allein leicht fertig wird. Rehwild drückt sich gern lang und erfolgreich und lässt Menschen oft einfach an sich vorüberziehen. Will man also bei der Bewegungsjagd zumindest einen Teil der Rehe auch zu Gesicht bekommen, kann auf Hunde nicht verzichtet werden.

Jagen die Hunde nicht ausgesprochen fährtensicher mit tiefer Nase, spielen Rehe auch schnell mit ihnen Katz' und Maus. Die ausgeprägt deckungsorientierte Flucht des Rehs setzt jeder

Rehwild verhofft auch in lichterem Holz immer wieder, um sich neu zu orientieren – dem Bock droht allerdings keine Gefahr.

sichtigen Jagd rasch ein Ende. Der nicht sichtig jagende Hund aber bereitet dem „Schlüpfer" aus der Busch- und Waldrandzone wenig Probleme.

Rehe und Treiber

Bei einer Bewegungsjagd in einem Mittelgebirge zog sich ein keilförmiger Streifen aus etwa 20-jährigen Fichten von Unterhang bis direkt vor meinen Stand auf der Hangkuppe, einen Hochsitz. Der Fichtenstreifen, der hangaufwärts von acht Treiber durchgedrückt wurde, hatte auf Höhe meines Standes nur noch eine Breite von rund 20 Metern. Hier berührten sich die Treiber in den Fichten fast mit den Schultern. Als sie meinen Stand gerade passiert hatten, verlor ich ein wenig das Interesse und stellte die Waffe ab.

Das hätte ich nicht tun sollen: Kurz darauf zog unmittelbar hinter den Treibern und vor meinem Sitz ein Schmalreh aus den Fichten – und das nicht einmal besonders eilig. Es hatte sich auf „Deckenfühlung" von den Treibern überlaufen lassen!

Die Hunde sind das A und O

von Ekkehard Ophoven

Hunde und Treiber

„Ein guter Hund ersetzt zehn Treiber" – einer mathematischen Beweisführung hält dieser Satz sicher nicht Stand. Was er jedoch besagen will, weiß fast jeder, der bei Bewegungsjagden regelmäßig auch als Treiber oder Hundeführer durchs Treiben geht oder dies früher auch als Schütze tat. Vor allem Schwarzwild drückt sich oft bis zuletzt vor den Treibern und wird erst hoch, wenn man fast „darauf tritt". Nicht selten schiebt es sich hinter den Treibern gleich wieder ein, ohne die Deckung überhaupt verlassen zu haben. Wie hoch die Dunkelziffer der Stücke ist, die sich von einer weiter auseinandergezogenen Treiberwehr voll-

Stecken Sauen in solch ausgedehnten „bürstendichten" Einstandsflächen, geht ohne gute Hunde nichts mehr.

ständig überlaufen lassen, kann man am Ende des Jagens nur erahnen.

▸ Ohne Hunde geht oft gar nichts

Stecken Sauen in dichten Brombeernestern, in Verhauen auf Windwurfflächen oder in frisch durchgepflegten Nadelholzbeständen, sind Hunde ein Muss. Hier kommen die Treiber selten nah genug heran, um die Sauen zum Verlassen der Deckung zu bewegen.

Je größer und dichter die Einstände sind, umso notwendiger sind effektiv arbeitende Hunde, die das Wild aufspüren und auf seiner Fährte so hartnäckig jagen, bis es die Deckung verlässt. In ausgedehnten Einständen mit extremen Deckungsverhältnissen ist eine Treiberwehr ohne jegliche Hundeunterstützung nahezu hilflos.

Tipp

Die Zahl der eingesetzten Hunde – deren individuelle Eignung einmal vorausgesetzt – muss der Größe des Einstands angemessen sein. Als Hundeführer erlebt man immer wieder, wie zu wenige Hunde mitunter bis zur völligen Erschöpfung von den Sauen, aber auch von Rotwild, in ausgedehnten Dickungen im Kreis geführt werden. Dies kommt insbesondere in Revieren vor, in denen das Wild die Jagd mit Hunden kennt.

Sauen zählen zweifelsohne zu den lernfähigsten Wildarten: Eine Bache, deren Frischlinge ein- oder mehrmals nach Verlassen der Deckung beschossen wurden, „weiß" recht bald, was sie im lichteren Holz erwartet.

Wie groß die erforderliche Hundeanzahl ist, hängt von den individuellen Revierverhältnissen ab und lehrt die Erfahrung. In der Regel liegt sie irgendwo zwischen einem Hund je 10 bis 25 ha bejagter Fläche. Müssen großflächige und bürstendichte Saudickungen durchgearbeitet werden, kann im Einzelfall auch eine höhere Hundezahl erforderlich sein, in Altholzflächen mit nur stellenweise auftretenden kleinen Verjüngungshorsten reichen deutlich weniger Hunde aus.

Der gut organisierte Hundeeinsatz bei Bewegungsjagden gewinnt auch unter den heutigen waldbaulichen Verhältnissen mit Einzelstammnutzung und Verjüngungshorsten auf ganzer Fläche immer mehr an Bedeutung. Die Vielzahl der dem Wild dadurch gegebenen Deckungsmöglichkeiten wirklich systematisch durchzudrücken, ist einer Treiberwehr allein oft gar nicht möglich. Die Zahl der eingesetzten Treiber nach Belieben zu erhöhen, stößt aber schnell auf Grenzen: Das Gefahrenpotenzial steigt mit zunehmender Anzahl an Menschen im Treiben deutlich an, außerdem – seien wir ehrlich – müssen erst einmal genügend Leute gefunden werden, die sich bei Wind und Wetter durch nasse oder schneeverhangene Dickungen quälen, um die angestellten Jäger zu Schuss zu bringen.

▸ Treiber nur zur Unterstützung

Wird nun aber mit Hunden und einer Treiberwehr gejagt – und bei vielen Bewegungsjagden gehören die angestammten Treiber einfach fest zum „Inventar" –, liegt der Wert der Treiberwehr neben dem Aufjagen von Wild – so sie es denn finden – in der Unterstützung und Lenkung der Hunde, die den Treibern mitgegeben werden. Solche im nähern Umkreis der Treiber stöbernden Hunde können nur dann gezielt an wichtige Einstandbereiche gebracht werden, wenn die Treiber sehr viel Erfahrung und vor allem genaue Ortskenntnis besitzen.

Stecken wehrhafte Sauen im Treiben, haben die Treiber nicht selten eine unterstützende „psychologische" Wirkung auf die Hunde und können diese gezielt anrüden. Sie müssen es vor allem auch als ihre Aufgabe betrachten, den Hunden an gestelltem Wild zu helfen, wenn kein Hundeführer in der näheren Umgebung ist oder dieser den Stand nicht verlassen darf.

Bei der hier vorgestellten Bewegungsjagd wird ganz oder zumindest weitgehend auf den Einsatz von Treibern verzichtet. Im Verlauf der Darstellung wird hierauf noch öfter eingegangen.

Tipp

Für den Einen sind nur Jagdhunde bis zu maximal der Größe des deutschen Wachtelhundes zulässig und „hochläufige Hunde" das größte Übel schlechthin, für die Anderen sind gerade der Deutsche Wachtelhund als klassischer Stöberhund der Inbegriff des ungezügelten Wildhetzers und die „Wachteljagden" der „Wachtelmafia" das Ende der deutschen Jagdkultur. Der Dritte akzeptiert den Teckel gerade noch im Bau, quittiert solches „Spielzeug" auf Bewegungsjagden aber nur mit einem abfälligen Lächeln. Die eigene Rasse hingegen ist perfekt und universal einsetzbar – und zwar ohne Ausnahme!

Wollte man hier allen Standpunkten Rechnung tragen, müsste man bei der Bewegungsjagd auf Schalenwild auf zahllose hervorragende Hunde verzichten.

Gebräuchliche Jagdhundrassen im Überblick

Die Eignung der einzelnen Jagdhundrassen für den Einsatz auf Bewegungsjagden wird kontrovers und vielfach auch sehr ideologisch diskutiert. Liest man die Publikationen dazu, erinnern sie zum Teil eher an Werbeschriften für bestimmte Jagdhunderassen als an eine objektive Auseinandersetzung mit dem Thema.

▶ Die Rasse ist zweitrangig

Dass die eingesetzten Hunde einen „jagdlichen Hintergrund" haben und aus jagdlicher Leistungszucht stammen müssen, wird hier zunächst vorausgesetzt. Für Bewegungsjagden in Deutschland bedeutet dies in der Regel, dass nur vom Jagdgebrauchshundverband anerkannte Rassen eingesetzt werden, deren Einsatzbereich und Ausbildung das Stöbern im Wald beinhaltet und auf den rassespezifischen Prüfungen möglichst auch beurteilt wird.

Um es vorwegzunehmen: Welcher Rasse der Hund innerhalb dieses Rahmens angehört, ist zweitrangig! Zweifelsohne besitzen manche Rassen Eigenschaften, die anderen fehlen, manche Merkmale sind bei der einen tendenziell deutlich stärker ausgeprägt als bei anderen – der Einfluss jahrzehntelanger züchterischer Selektion kann und soll hier sicher nicht geleugnet werden. Die individuellen jagdlichen Eigenschaften des einzelnen Hundes – und nur sie zählen bei seiner Eignung für die Bewegungsjagd – hängen aber nicht nur vom „züchterischen Background“ ab, sondern werden maßgeblich durch äußere Umstände wie dem Engagement des Führers bei der Ausbildung, der Einarbeitungsmethode und auch den Möglichkeiten des Hundes mitbestimmt, in der Praxis Erfahrungen zu sammeln und den notwendigen „Jagdverstand“ entwickeln zu können.

Insofern kann die nachfolgende Kurzcharakterisierung der gebräuchlichsten Rassen nur Orientierungscharakter haben und deren grundsätzliche Merkmale vorstellen.

Die Teckel

Laut der historisch entstandenen Einteilung der Jagdhunde nach ihrem Einsatzzweck zählen die Teckel wie auch die Terrier zu den Erdhunden, deren Hauptaufgabe ursprünglich die Baujagd auf Fuchs und Dachs war. Ihre Fähigkeiten beschränken sich aber bei weitem nicht darauf allein. Sinnvoll eingesetzt, können sie auf Bewegungsjagden wertvolle Helfer sein.

Bei den *Teckeln* ist im Gegensatz zu manchen anderen Jagdhundrassen, deren jagdliche Ursprünge und Fähigkeiten mit dem verstärkten Einzug in nicht jagdliche Haushalte vielfach auf der Strecke blieben, die Leistungszucht für den Einsatz bei der Jagd immer beständig weitergeführt worden. Diese „Jagdte-

Terrier sind echte „Klassiker“ für die Jagd auf Sauen. So stark wie hier sind allerdings Westfalenterrier nur selten vertreten.

ckel" werden auf Spurlaut gezüchtet und auf den jagdlichen Leistungsprüfungen auch im Fach Stöbern geprüft. Aufgrund ihrer Anatomie stoßen die verschiedenen Teckelschläge in sehr steilem Gelände, auf hindernisreichen Flächen wie Windwurfverhauen und vergleichweise schnell auch bei Schnee an ihre körperlichen Grenzen. In dichten Hecken und schwer zu durchdringendem Buschwerk sind sie gegenüber größeren Rassen dagegen oft im Vorteil. Das Einsatzgebiet eines Teckels muss deshalb von der Jagdleitung gezielt ausgewählt werden.

Als eher langsame Stöberer können die Teckel dem Wild auch auf Sicht nie dicht aufrücken, sodass das Wild vor ihnen die Schützen selten schnell anwechselt. Sie eignen sich daher vor allem auch für den Einsatz auf reinen Rehwildjagden oder in Einstandsflächen, in denen vor allem Rehwild erwartet wird. Geht es aber darum, Schwarzwildrotten in ihren Haupteinständen zu sprengen, sollte dies nicht Aufgabe eines oder weniger Teckel allein sein.

Beim freien Stöbern ist der Aktionsradius der Teckel naturgemäß vergleichsweise gering – haben sie gefunden, ist es aber auch bei manchen Vertretern dieser Rassen mit dem kurzen Jagen vorbei. Die rassegeschichtlichen Bracken-Abkömmlinge können mit sehr starkem Fährtenwillen und ausgeprägter Fährtentreue einem einzelnen Stück Wild mitunter auch über das eigentliche Treiben hinaus nachhängen.

▸ Die Terrier

Von den *Terriern* werden zweifelsohne die schwarzroten rau- und glatthaarigen Schläge des *Deutschen Jagdterriers* am häufigsten auf Bewegungsjagden eingesetzt. Aufgrund ihrer oft rabiaten Schärfe gerade auch an Sauen sind sie echte „Klassiker" auf der Saudrückjagd. Speziell auf der Schwarzwildjagd werden vor allem die Jagdterrier vielfach auch in kleinen Meuten eingesetzt.

Die Schläge des *Foxterriers,* wenngleich als Familienhund weiter verbreitet als der Jagdterrier, werden jagdlich in Deutschland wesentlich seltener als dieser geführt. Fährten- bzw. Spurlaut ist auf der Anlagenprüfung im Gegensatz zu den schwarzroten Vettern noch kein Muss, für das Prädikat „jagdliche Leitungszucht" ist lediglich eine positive Lautfeststellung (Spur- oder Sichtlaut) an Hase oder Fuchs auf Prüfungen oder im praktischen Jagdbetrieb notwendig. Sie verfügen meist auch über eine gesunde Wild- und Schwarzwildschärfe, sodass zuverlässig fährtenlaute Foxterrier für die Bewegungsjagd durchaus in Frage kommen. Foxterrier neigen außerdem tendenziell weniger zur Meutebildung als die Jagdterrier – was vermutlich daran liegt, dass sie seltener in der Meute eingejagt werden.

Parson-Jack-Russell-Terrier, die in den letzten Jahren beliebter geworden sind, werden oft in Koppeln eingesetzt. Auf sicheren Fährtenlaut muss bei ihnen besonders geachtet werden. Ähnlich wie bei den Teckeln sind die kleineren Jack-Russell-Schläge sicher nicht für jedes Gelände geeignet.

Westfalenterrier und andere Terrierrassen sind auf Bewegungsjagden Ausnahmeerscheinungen. Vom Jagdgebrauchshundverband bislang nicht anerkannt, sind sie zu dessen Prüfungen und denen seiner Zuchtvereine nicht zugelassen,obgleich auch sie den Anforderungen für einen Einsatz auf Bewegungsjagden individuell genügen mögen.

Die Bracken

Mit Ausnahme der Alpenländischen Dachsbracke, die zu den anerkannten Schweißhundrassen gehört, zählen die Bracken zu den Jagenden Hunden. Ursprünglich vor allem bei der Jagd auf Hase und Fuchs und im Fall der Deutschen Bracke und der Westfälischen Dachsbracke auch in kleinen Meuten eingesetzt, werden die Bracken in Deutschland heute eher selten geführt, wenngleich das Interesse an ihnen in den letzten Jahren etwas gestiegen ist. Von den hochläufigen Bracken spielen im Jagdgeschehen Deutschlands nur die *Deutsche Bracke* und die österreichischen Rassen *Brandlbracke* und *Tiroler Bracke* eine Rolle, die *Steirische Rauhhaarige Gebirgsbracke* oder auch *Peintiger Bracke* ist bisher eine Ausnahmeerscheinung. In den letzten Jahren sind auch die *Slovensky Kopov* oder *Slowakischen Schwarzwildbracken* polulärer geworden.

Von den niederläufigen Brackenrassen wird die *Alpenländische Dachsbracke* etwas häufiger geführt als die *Westfälische Dachsbracke.*

Die Bracken sind oft zähe, passionierte Jäger, die für den Einsatz bei Bewegungsjagden grundsätzlich durchaus geeignet sind. Die Schweißarbeit spielt im Prüfungswesen eine wichtige Rolle, sie werden grundsätzlich aber auch auf sicheren Spurlaut an Fuchs oder Hase – die Schwarzwildbracke an Hase, Rot- oder Schwarzwild – geprüft. In der Wildschärfe stehen die beiden „kleinen" Dachsbracken den größeren Rassen in nichts nach.

Die Alpenländische Dachsbracke ist meist sicher fährtenlaut und für die Bewegungsjagd durchaus geeignet, auch wenn sie offiziell zu den Schweißhundrassen zählt.

Dem mittelgroßen Beagle begegnet man heute häufiger in der Hand von Nichtjägern als wirklich jagdlich geführt. Er besitzt meist keine sehr ausgeprägte Wildschärfe und eignet sich deshalb vor allem für die Jagd auf Rehwild.

Nicht von ungefähr ist das heute kaum noch übliche Brackieren auf den einzelnen Hasen nach diesen dabei eingesetzten Hunden benannt: In der Regel arbeiten sie konsequent mit tiefer Nase, haben einen sicheren Spurlaut und zeigen ausgeprägte Spursicherheit und Spurwillen. Diese Eigenschaften sind mit der Tendenz verbunden, einer einzelnen Fährte länger nachzuhängen und auch entsprechend weit zu jagen.

Die Stöberhunde

Der meist geführte und züchterisch am intensivsten für die Bewegungsjagd im Wald vorbereitete Stöberhund ist der *Deutsche Wachtelhund.* Sicherer Spurlaut ist unabdingbare Zuchtvoraussetzung, das Stöbern ist bei allen Prüfungen dieser Rasse „Hauptfach". Großen Wert legt man auch auf Schwarzwildschärfe, die den entsprechenden Hunden durch

Für die einen der Stöberhund schlechthin, für manche ein „Jäger ohne Maß": der Deutsche Wachtelhund.

ein besonderes Leistungszeichen bescheinigt wird. Den Anforderungen an die Rasse entsprechend muss der Wachtel als Einzeljäger arbeiten. Da auch er mit ausgeprägt tiefer Nase tendenziell weiter jagt, ist er bei Bewegungsjagden auf größerer Fläche meist besser aufgehoben als in kleinen Treiben. Konsequent auf selbstständiges Stöbern eingearbeitete und weiter jagende Hunde werden vom Stand aus geschnallt. Der Einsatz des Wachtels zur permanenten Beunruhigung kleinerer Einstandsflächen setzt allerdings eng und führernah jagende Hunde voraus.

Der *Springerspaniel* ist aus der deutschen Jagdlandschaft fast verschwunden und wird nur noch in kleinen Stämmen gezüchtet. Klassischerweise stöbert er sehr kurz und sicher laut und wird dann sinnvollerweise im Einstand oder in der Nähe von Straßen eingesetzt, wo letztere Eigenschaft gefragt ist. Gleiches gilt für den fast nur noch als Familienhund bekannten *Cocker Spaniel*. Bei jagdlich geführten Hunden dieser Rasse muss auf sicheren Fährtenlaut geachtet werden – in der englischen Heimat dieser Rasse ist diese Eigenschaft unerwünscht und wird dort konsequent weggezüchtet.

▸ Deutsche Vorstehhunde

An der Eignung vielseitiger deutscher Vorstehhundrassen auf Bewegungsjagden entzünden sich die streitbaren Geister. Unter Verweis auf tierschutzrechtliche Bedenken wird er von vielen Jägern abgelehnt. Hierauf wollen wir später noch etwas näher eingehen.

Im Gegensatz zu den englischen Spezialisten werden die deutschen Vorstehhunde, allen voran der *Deutsch Drahthaar*, seit jeher auf Vielseitigkeit gezüchtet. Auf den Verbandsgebrauchsprüfungen, den „Meisterprüfungen" also, werden ihre Stöberqualitäten im Rahmen der Waldfächer geprüft. Körperliche Robustheit, ausgeprägte Wild- und vor allem Schwarzwildschärfe zählen in der Regel ebenso zu ihren Stärken wie das engräumige und führerorientierte Arbeiten. Geht es bei der Bewegungsjagd vor allem darum, wehrhafte und „unwillige" Schwarzwildrotten zu sprengen und aus dem Einstand vor die Schützen zu bringen, leisten die richtigen und speziell dort eingesetzten Hunde wertvolle Arbeit. Voraussetzung ist allerdings fährtenlautes Arbeiten und verlässliches Jagen an Schwarzwild.

Auf Bewegungsjagden, die vorwiegend anderen Schalenwildarten gelten und unter durchschnittlichen Geländebedingungen stattfinden, sind die Vorstehhundrassen in der Regel nicht die erste Wahl.

▸ In schwierigem Gelände

Unabhängig von der zu bejagenden Wildart haben Vorstehhunde unter extremen Geländebedingungen kleineren Hunden gegenüber allerdings immer einen unbestreitbaren körperlichen Vorteil. Auf der Bewegungsjagd wird den Hunden physisch ungeheuer viel abverlangt. Sie müssen mehrere Stunden suchen, jagen, unter Umständen Wild anhaltend stellen, kurz – ununterbrochen Höchstleistungen vollbringen. Jeder Jäger mit Hund weiß, in welchem Erschöpfungszustand sich ein Hund nach einer anstrengenden Bewegungsjagd befinden kann. In Steillagen, stark überworfenen Flächen, bei Schnee oder morastigem Boden sind die Bedingungen ungleich härter. Hier tut sich der größere Hund einfach leichter als der kleine, dessen Energiereserven zu einem großen Teil allein von der Bewältigung des Geländes verbraucht werden.

Der Einzelhund – Anforderungsprofil und Einsatz

Wie schon auf einem Seminar des Jagdgebrauchshundverbands zum Thema Bewegungsjagd im Jahre 1998 festgestellt wurde, sind innerhalb des vorstehend skizzierten Rahmens die einzigen Kriterien für die Wahl der Hunde deren individuelle jagdlichen Qualitäten. Dass sie im notwendigen Maß und in der gewünschten Ausprägung vorhanden sind, ist nun einmal nicht automatisch mit der Zugehörigkeit zu einer bestimmten Rasse garantiert.

▸ **Weichenstellung durch Einarbeitung** Versierte Hundeführer wissen, wie sehr die frühe, gezielte und konsequente Einarbeitung eines Hundes über dessen späteres jagdliches Können entscheidet. Naturgemäß orientiert sie sich bei den meisten Hunde an den Anforderungen der rassespezifischen Anlage- und Leis-

Unter solchen Geländebedingungen ist der Einsatz größerer Hunde berechtigt, wenn sie die geforderten individuellen Eigenschaften mitbringen.

Tipp

Die strenge züchterische Festlegung auf jagdliche Merkmale birgt immer auch das Risiko jeder Gratwanderung – nämlich die im Einzelfall übersteigerte Ausprägung dieses Merkmals. Wer hat nicht schon unter vielen sehr guten Deutschen Jagdterriern, Deutschen Wachtelhunden und anderen Rassenvertretern den ein oder anderen Vierbeiner erlebt, dessen Reizschwelle trotz der bedingungslosen rassespezifischen Forderung nach sicherem Spurlaut so tief liegt, dass er munter und offensichtlich „grundlos“ kläffend durch den Wald rennt?

Bei der Beurteilung des einzelnen Hundes darf man sich nie auf die theoretischen Zuchtziele allein verlassen.

Weit- und Kurzjager in einem Wurf

Welchen Einfluss die Einarbeitung auf das weite oder kurze Jagen eines Hundes hat, mag folgendes Beispiel verdeutlichen. Auf einer Anlagenprüfung des Vereins für Deutsche Wachtelhunde wurden zwei Wurfbrüder geführt. Der eine war in Hinblick auf die Jugendprüfung sehr früh und vielleicht auch etwas übereifrig eingearbeitet worden: Immer wieder hatte der Führer den jungen Hund an Dickungen, die Wild und damit Erfolg erwarten ließen, vom Stand aus zum selbstständigen Stöbern ermuntert. Aufgrund zahlreicher freundlicher Einladungen konnte der Jäger seinen Junghund schon in dessen erster Bewegungsjagdsaison auch im „Echtbetrieb" viele Erfahrungen sammeln lassen. Auf der Anlagen- und allen weiteren Prüfungen bestand der Hund das Fach Stöbern jeweils mit Höchstpunktzahl. Bereits in der zweiten Jagdsaison entwickelte der Hund seine Leidenschaft für selbstständiges Jagen allerdings so „konsequent" weiter, dass er zunehmend weiträumiger stöberte und bisweilen auch erst geraume Zeit nach dem Treiben wieder auftauchte. „Typisch Wachtel" hieß es da häufig.

Anders die Einarbeitung des genetisch ähnlich „vorbelasteten" Wurfbruders: Sein Führer wollte den Hund im eigenen nicht allzu großen Revier so einsetzen, wie er die Jagd mit Hunden gewohnt war, und ging bei allen Jagden wenig prüfungskonform grundsätzlich selbst mit dem Hund durch das Treiben. Auf der Jugendprüfung nahm der passionierte Rüde beim Stöbern die Dickung zügig an, um nach etwa zwanzig Metern unerschütterlich zu verharren und auf seinen Führer zu warten. Der durfte seinen Stand gemäß Prüfungsordnung jedoch nicht verlassen – der Rüde fiel im Fach Stöbern und damit bei der ganzen Prüfung durch. Das Stöbern sollte auch bei der bestandenen Wiederholungsprüfung und der Eignungsprüfung sein schwächstes Fach bleiben. Auch später jagte dieser Rüde immer nur recht eng beim Führer. Innerhalb seines geringen Aktionsradius zeigte er aber stets ausgeprägten Finderwillen und Wildschärfe.

tungsprüfungen. Dies bedeutet, dass bestimmte Merkmale über die Vertreter einer Rasse hinweg recht einheitlich in dieselbe Richtung gefördert werden, also nicht ausschließlich rassegenetisch bedingt sind. Wenn der Vorstehhund in seiner Grundausbildung grundsätzlich zu führernahem, jederzeit kontrollierbarem Arbeiten angehalten wird und erst in der Vorbereitung auf die Verbandsgebrauchsprüfung hin das freie Stöbern lernt, darf es nicht verwundern, wenn er tendenziell immer viel kürzer jagen wird als beispielsweise der Wachtelhund, der schon bei der Anlagenprüfung brauchbare Ansätze zu selbstständigem Arbeiten ohne Führerkontakt zeigen muss und entsprechend mit wenigen Monaten darauf „getrimmt" wird.

▸ Erfahrung und Erfolg

Ganz wesentlich entscheiden über die Qualitäten eines Hundes für die Bewegungsjagd auch sein Erfahrungshintergrund und entsprechende Erfolgserlebnisse bei dieser Jagdart. Von einem

Hund, der Jahre lang nur Rehwild kennen gelernt hat, kann man bei der Saujagd kaum erwarten, das er von heute auf morgen die notwendige Erfahrung mit und die erforderliche Schärfe an dieser wehrhaften Wildart zeigt. Ebenso wird sich der Hund, der früh Erfolg an Sauen hat, indem sie vor ihm zur Strecke kommen, wahrscheinlicher zu einem zuverlässigeren Schwarzwildjäger entwickeln als derjenige, dem dieser Erfolg versagt bleibt oder der bei der ersten Begegnung mit Schwarzwild sogar schmerzhaft geschlagen wird. Die Einflussmöglichkeiten des Hundeführers sind hier begrenzt. Erfahrungen muss der Hund in früher Jugend sammeln und kann es nicht im Wohnzimmer, sondern nur im praktischen Jagdbetrieb tun – dies wird von manchen Jagdleitern vergessen, die zwar den Wert eines erfahrenen Hundes durchaus zu schätzen wissen, über den Wunsch nach einer Einsatzerlaubnis für junge, noch unerfahrene Hunde aber die Nase rümpfen.

Tipp

Der Fährtenlaut des Hunde sollte wirklich nur auf der halbwegs warmen Fährte erklingen, denn er ist nicht nur ein Warnsignal für das Wild, sondern hat auch die Funktion, dem anstehenden Schützen die Annäherung von Wild anzuzeigen. Dieser Informationswert ist nicht nur beim erklärtermaßen waidlauten Hund unbrauchbar, sondern auch bei dem lautfreudigen Vierbeiner, der – wie sein Führer versichert – so „feinnasig" ist, dass er auch die Fährten vom Vorabend noch meldet.

▸ Eigene Beobachtung ist wichtig

Soweit möglich, sollte der Jagdleiter von der Arbeitsweise und den jagdlichen Qualitäten der individuellen Hunde ein Bild haben. Über ihm noch unbekannte Hunde ist er zunächst natürlich auf Informationen des Hundeführers oder Dritter angewiesen. Sind ihm die Ansprechpartner und ihr Beurteilungsvermögen nicht persönlich bekannt, kann er freilich nur darauf hoffen, eine möglichst sachliche und von „Besitzerstolz" freie Beschreibung des Hundes zu erhalten. Dann jedoch ist es an der Zeit, sich durch eigene Beobachtungen während der Jagd oder mit den Informationen vertrauenswürdiger „Beobachter" in einer abschließenden Besprechung ein eigenes Urteil über die Hunde zu verschaffen und für zukünftige Jagden die Spreu vom Weizen zu trennen.

Welche Eigenschaften muss nun also der Hund für die Bewegungsjagd mitbringen? Einige sind sicher nicht „verhandelbar".

▸ Fährten- oder Spurlaut

Lautes Jagen ist eine unumstrittene Grundvoraussetzung des beim Stöbern eingesetzten Jagdhundes. Er kündigt sich damit über größere Distanz an und ist für das Wild berechenbar. Die Gefahr eines zu nahen Aufrückens ist beim fährtenlauten Hund in der Regel gering, sodass das Wild ausreichend Abstand halten kann und nicht zu schnell vor die Schützen kommt.

▸ Wildschärfe

Der Jagdhund ohne gesunde Wildschärfe ist für die meisten Bewegungs-

Stimmen die individuellen Eigenschaften Fährtenlaut, einzelnenes und nicht zu weites Jagen, ist die Rasse zweitrangig.

jagden ungeeignet. An Rehwild zeigen Hunde aus jagdlicher Zucht diese Eigenschaft wohl in ausreichendem Maß. In der Regel aber gilt die Bewegungsjagd auch dem Hochwild, meist sogar überwiegend den Sauen. Der notwendige „Schneid" an dieser Wildart ist dann längst nicht mehr bei allen Hunden eine Selbstverständlichkeit, die aus einem jagdlichen Zwinger kommen – nicht von ungefähr zählt deshalb bei verschiedenen Jagdhundrassen (z. B. Deutscher Wachtel, Deutscher Jagdterrier, Foxterrier, verschiedene Brackenrassen) der Schwarzwildschärfe-Nachweis zu den besonderen Leistungszeichen.

Notwendig heißt in diesem Zusammenhang nicht, den bereits flüchtigen Sauen im lichten Holz eifrig nachzusetzen, um dann am Rand der dunklen Dickung abzudrehen. Und es genügt auch nicht, die Dickung zwar noch anzunehmen, die eingeschobenen oder sich stellenden Sauen dann aber zu verleugnen und schleunigst das Feld zu räumen. Der schwarzwildscharfe Hunde *will* Sauen finden und jagen. Salvatorische Formulierungen, nach denen Hunde das Wild „nicht zu stark bedrängen dürfen", erweisen sich in diesem Zusammenhang als etwas diffus. Soll ein Hund bei der Schwarzwilddrückjagd seine Aufgabe erfüllen und die weit außerhalb des Einstands abgestellten Jäger zu Schuss bringen, muss er die festliegende Rotte „bedrängen" und so hartnäckig stellen, bis sie sich – gegebenenfalls nach dem Beischlagen weiterer Hunde – doch bewegt oder aber ein Hundeführer oder gegebenenfalls Treiber zur Hilfe kommt.

Bei der Bewegungsjagd geht es nicht darum, den eingesetzten Hunden Bewegung zu verschaffen, sondern das Wild auf die Läufe zu bringen. Auf reine Schwarzwildjagden oder in Schwarzwildeinstände gehören daher nur Hunde, die erwiesenermaßen zuverlässig an Sauen jagen. Fehlt dem Hund die Schwarzwildschärfe, kommt sein Einsatz also nur in Flächen in Betracht, in denen vor allem mit anderem Schalenwild gerechnet wird.

▸ Finderwille

So banal es auch klingt: Vorrangige Aufgabe der Hunde ist es, das Wild zu finden, erst dann können sie es hochmachen und vor die Schützen bringen. Kurzes und führernahes Jagen ist für den im Kapitel „Die Vorbereitung im Detail" beschriebenen Hundeführereinsatz in einem abgegrenzten Einstandsbereich notwendig. Es verliert aber dann seinen Sinn, wenn sich ein Hund darauf beschränkt, das Wild hochzumachen, an das ihn sein Führer bis auf wenige Meter herangebracht hat.

Es gibt durchaus wildscharfe Hunde, die zuverlässig jede Sau aus der Deckung jagen oder stellen und schwer krankes Wild im Rahmen ihrer Möglichkeiten zuverlässig niederziehen, nachdem man sie „mit der Nase darauf gestoßen" hat. Ob ein solch offenkundiger Mangel an Finderwillen tatsächlich eine Anlagendefizit oder aber darauf zurückzuführen ist, dass der Hund nie gelernt hat, sich vom Führer zu lösen, ist für die Praxis unerheblich – seine Hauptaufgabe erfüllt der Hund nicht.

▸ Solojäger mit Orientierungsvermögen und „Teamfähigkeit"

Der ideale Hund für die Bewegungsjagd arbeitet allein und selbstständig. Nur der Solojäger entfaltet, die anderen hier genannten Qualitäten in ausreichendem Maß vorausgesetzt, maximale Effektivität im Sinne des Jagdziels.

Außerdem hat der einzeln jagende Hund auch so gut wie keine Möglichkeit, gesundem Wild zu dicht aufzurücken oder es gar zu fangen – aus gutem Grund jagt sein Urahn Wolf, der den Jagderfolg zum Überleben braucht, überwiegend im Rudel. Natürlich muss auch der Solojäger innerhalb der Jäger-Hunde-Meute „zweckorientiert" arbeiten und früh verknüpfen, dass der Erfolg seines Jagens untrennbar mit den zweibeinigen Jägern verbunden ist. Ob er sich nur am Führer orientiert oder aber weiträumiger jagend an anderen Hundeführern, Schützen oder gegebenenfalls auch Treibern, ist für den gemeinsamen Erfolg einer Bewegungsjagd zweitrangig, wenn der Hund entsprechend eingesetzt wird.

Verlässt ein Hund allerdings chronisch das Treiben, um weitab ohne „Sinn und Verstand" seine Privatjagd zu veranstalten, ist natürlich auch der beste Einzeljäger für den Zweck der Jagd unbrauchbar. Dabei spielt es keine Rolle, ob er nicht zurückkehren will oder dies aufgrund eines unzureichend entwickelten Orientierungsvermögens gar nicht mehr kann.

▸ Meuten mit Vorbehalt

Kleinmeuten aus drei bis sechs Hunden, wie man sie vor allem von Jagdterriern kennt, tun sich mit dem Sprengen erfahrener Sauen sicher leichter als einzelne körperlich eher geringe Hunde. Nach der Idealvorstellung jagen solche Meuten vergleichsweise kurz und zuverlässig nur an Sauen. In der Praxis sieht es jedoch oft so aus, dass sie sich hinter dem ersten Reh auf Nimmerwiedersehen verabschieden oder auch einzelnen Sauen gemeinsam sehr lange nachsetzen und im eigentlichen Treiben dann fehlen. Zeigen Kleinmeuten ein solches Verhalten, ist ihr Einsatz aus jagdpraktischer Sicht fragwürdig – ganz abgesehen davon, dass je nach Umständen möglicherweise die Grenze zur Hetzjagd überschritten wird.

In großen Saugattern können Saumeuten effektiv und an der richtigen Stelle sein, auf „freien Bewegungsjagden" ist aus den genannten Gründen zuverlässig an Schwarzwild arbeitenden

Einzeljägern eindeutig der Vorzug zu geben Hunde, die das Jagen in der Meute gewohnt sind, taugen dann auch als Einzeljäger meist wenig, da ihnen die Selbstständigkeit fehlt. Niemandem nützt ein Hund, der mit gespitzten Ohren die Wege entlang läuft und nur darauf wartet, sich einem anderen jagenden Hund anschließen zu können – etwas anderes ist natürlich das fallweise und sinnvolle Beischlagen an gestelltem Wild.

Problematisch sind hier oft auch zwei oder gar mehrere Hunde in der Hand eines Führers, die das gemeinsame Jagen kennen. Meist genügt es nicht, sie im Treiben oder vom Stand aus zeitlich versetzt zu schnallen, da sie sich nicht selten gezielt gegenseitig suchen und finden, um dann die Jagd miteinander „auf eigene Faust" fortzusetzen.

▸ Weites oder kurzes Jagen?

Unter der Voraussetzung, dass ein Hund nicht regelmäßig kilometerweit überjagt – gelegentlich verlässt sicher jeder passionierte Stöberer vor allem in seiner „Lehrzeit" einmal das Treiben –, lässt sich die Frage nach dem idealen Aktionsradius der eingesetzten Hunde auf der Bewegungsjagd nicht pauschal beantworten. Unterschiedliche Revierverhältnisse, vorkommendes Wild, Größe und Lage der Einstände bestimmen die im Einzelfall sinnvolle Strategie des Hundeeinsatzes. Wie später noch näher ausgeführt, sind Bewegungsjagden auf möglichst großer Fläche mit dem Ziel einer weiträumigen Schützenverteilung und der damit verbundenen Möglichkeit, das Wild in Ruhe ansprechen und erlegen zu können, wesentlich sinnvoller als kleine Jagen, deren geringe Flächengröße die Wahl der Schützenstände stark einschränken. Mancherorts ist es üblich, dass benachbarte kleinere Jagdbezirke grenzübergreifenden Bewegungsjagden verabreden – ein Beispiel, das Schule machen sollte.

▸ Der richtige Hund am richtigen Platz

Sollen bei der Jagd die Hunde von einem festen Standplatz aus geschnallt werden, den der Hundeführer dauerhaft einnimmt, sind dafür sehr selbstständig jagende Hunde mit größerem Aktionsradius auszuwählen, die nach erfolglosem Absuchen nahe gelegener Einstände den Rest des Treibens nicht untätig beim Führer verbringen, sondern auch weiter entfernte Deckungsflächen abstöbern.

Solche Hunde kehren zwangsläufig in größeren Intervallen zu ihrem Führer zurück als es kürzer jagende tun. Da sie weitgehend ohne Lenkung durch den Führer und ohne dessen „psychologische Unterstützung", über lange Strecken außerdem unbeobachtet arbeiten, müssen sie wirklich systematische Stöberer sein, einen ausgeprägten Finderwillen haben und zuverlässig an Schwarzwild jagen. Gelegentlich stellt sich am Ende des Treibens heraus, dass Hund X, der in zwei Stunden nur dreimal kurz beim Führer auftauchte, in der Zwischenzeit nicht ununterbrochen Wild aufgespürt hat, wie jener glauben (machen) möchte, sondern die meiste Zeit bei den Nachbarn zur Rechten und zur Linken gelegen und sich darauf beschränkt hat, anwechselndes Wild beherzt zu verscheuchen. Dazu wird er in diesem Jagdbezirk dann wohl nie wieder Gelegenheit bekommen.

▸ Führernahes Jagen im Kerneinstand

Die zweite Variante des Hundeeinsatzes, die auf eine permanente Beunruhigung eines klar abgegrenzten Einstandsbereiches abzielt, in dem sich der Hundeführer auch bewegt, verlangt ein deutlich kürzeres und stärker führerorientiertes Jagen vom Hund. Er muss immer wieder Kontakt zum Führer suchen, sich von ihm lenken und gezielt einweisen lassen, um während des Treibens aus dem Nachbareinstand eingewechseltes Wild erneut in Bewegung zu bringen. Wenn er nicht gleich in der Nähe auf Wild stößt, soll er sich eben nicht immer weiter vorarbeiten, um irgendwann weitab des zugewiesenen Bereichs zu finden, zu jagen und sich wieder neu Wild zu suchen. Wechselt während des Treibens Wild aus der Nachbarschaft in den „Zuständigkeitsbereich" seines Hundeführers, steht der dann nämlich in den entscheidenden Momenten meist ohne Hund da. Die Forderung nach engem Führerkontakt impliziert natürlich auch, dass der Hund gefundenes Wild nicht zu anhaltend verfolgt, sondern nur relativ kurz anjagt, um rechtzeitig wieder zurück an seinem Einsatzort zu sein, wenn er dort gebraucht wird.

▸ „Brackieren" ist unerwünscht

Damit kommen wir zu einem Punkt des Jagdverhaltens, der unabhängig vom jagdstrategischen Einsatz für jeden Hund gilt. So wie kurzes Jagen nicht mit mangelndem Finderwillen verwechselt werden darf, so sollte auch der „Fährtenwille" des Hundes nicht einen jagdpraktisch wertlosen Grad erreichen. Gewünscht ist der Hund, der fährtentreu

Zur permanenten Beunruhigung klar abgegrenzter Kerneinstände eignen sich nur Hunde, die führernah suchen und nicht zu weit jagen.

und zäh solange am Wild jagt, bis es die Deckung verlässt und dann bei richtiger Standauswahl die Schützen schussgerecht anwechselt.

Kann oder darf ein Stück mangels Freigabe nicht geschossen werden oder wird es gefehlt, muss der Hund allerdings in einem halbwegs überschaubaren Zeitraum auch wieder von der Fährte ablassen. So schön eine hervorragende Nase und Fährtensicherheit sind – der gleichsam „brackierende" Hund, der sich kilometerweit an die Gesundfährte eines Stücks Wild oder eines abgesprengten Jungtieres hängt, es über Berg und Tal verfolgt und erst nach langer Zeit wieder dort auftaucht, wo er die ganze Zeit über gebraucht worden wäre, passt nicht zur Bewegungsjagd, wie sie hier verstanden wird.

Den idealen Hund für alle Situationen gibt es nicht. Schon die wenigsten eignen sich gleichermaßen für das eigenständige Jagen von Stand aus und für das führernahe Jagen in den Kerneinständen des Treibens. Manchen Hundeführern mag es gelingen, ihren Hund in der Einarbeitung auf beide Einsatzvarianten einzustellen – dem Verfasser dieser Zeilen ist es nie gelungen.

▸ **Die Jagdleitung entscheidet**
Es ist Aufgabe des Jagdleiters, Jagdstrategie und eingesetzte Hunde aufeinander abzustimmen. Im seltenen Idealfall kann er bei rechtzeitiger Planung und Absprache mit den Hundeführern auf gute Hunde in ausreichender Zahl zurückgreifen, die sich nahtlos in seine Jagdstrategie einfügen. Zumeist wird er aber auch sein jagdliches Vorgehen in gewissem Umfang auf die Jagdweise und individuellen Eigenschaften der verfügbaren Hunde abstimmen müssen. Doch auch das ist weit besser, als sich allein auf Rassebeschreibungen zu verlassen oder, schlimmer noch, nach dem Motto „Hund ist Hund" vorzugehen und die erfolgsentscheidenden Vierbeiner ohne Berücksichtigung ihrer individuellen Fähigkeiten einfach nur über die Fläche zu streuen.

Nicht die Lauflänge zählt

Die vorstehenden Zeilen zielten darauf, die Kriterien zu verdeutlichen, die über die Eignung eines Hundes, unabhängig von seinem „Stall", für den Einsatz auf der Bewegungsjagd entscheiden. Liest man in der Fachpresse die Beiträge zu dieser Frage, kann man den Eindruck bekommen, alleiniges Maß aller Dinge seien die Widerristhöhe bzw. Lauflänge des Hundes.

▸ **Auch große Hunde haben Vorteile**
Nach den Erfahrungen der Verfasser haben sich auch Vorstehhunde, die die

Tipp

Der körperliche Vorteil größerer Hunde in schwierigem Gelände darf nicht unterschätzt werden – für den Jagderfolg ist er dort mitunter ausschlaggebend! Sind nämlich die Hunde schon nach kurzer Zeit zu erschöpft, um noch brauchbar zu jagen, kann auch die Jagdgesellschaft nach Hause gehen.

Nur im idealen, in der Praxis aber wenig realistischen Fall hat der Jagdleiter eine ausreichend große Zahl brauchbarer Hunde „auf der Ersatzbank", die gegebenenfalls „eingewechselt" werden können.

oben genannten Voraussetzungen Fährtenlaut, Einzeljäger, kurzes Jagen und zuverlässige Schwarzwildschärfe mitbringen, in Schwarzwild-Kerneinständen ausgesprochen bewährt. Auf Vor- und vermeintliche Nachteile soll hier kurz eingegangen werden.

Das kurze, führerorientierte Jagen ist ebenso ein Merkmal vieler Vorstehhunde wie eine ausgeprägte Schwarzwildschärfe. Solche Hunde leisten oft hervorragende Arbeit, wenn es darum geht, fest liegende Sauen in Bewegung zu bringen und zu sprengen. Sie sind in der Regel schnell wieder beim Führer und können gezielt immer wieder dorthin gelenkt werden, wo ihr Einsatz von der Jagdleitung vorgesehen wurde. An Schwarzwild arbeitet der einzeln jagende Vorstehhund nach den Erfahrungen der Autoren mindestens ebenso wirkungsvoll wie Kleinmeuten aus Terriern oder anderen „kleineren" Hunden –

allerdings ohne deren in der Praxis bisweilen festgestellten nachteiligen Eigenschaften.

Erfahrung und Lernfähigkeit sind wichtig

Oft wird argumentiert, dass der große, schwere Hund beim Einsatz an Schwarzwild verletzungsgefährdeter ist als der leichte, der einem Schlag wesentlich weniger Masse entgegensetzt. Diese „rein rechnerische" Betrachtung wird gern von Jägern angestellt, die selbst nicht mit Hund jagen, und ignoriert, was Hundeführer mit Bewegungsjagd-Erfahrung wissen: Viel ausschlaggebender für das Verletzungsrisiko des Hundes ist seine individuelle Erfahrung mit Schwarzwild und die individuelle Lernfähigkeit: Es gibt unter den Vorstehhunden ebenso ganz versierte und erfolgreiche Schwarzwildjäger, die ein Leben lang am Ende des Treibens ohne ernsthafte Verletzungen sind, wie unter den kleineren, leichteren Rassen „Wahnsinnige", die regelmäßig einen guten Teil der Bewegungsjagdsaison schwer geschlagen zuhause verbringen. „Intelligente" Hunde lernen sehr schnell, dass an gesunden Sauen Vorsicht geboten und ausreichend Abstand einzuhalten ist. Für den jagdpraktischen Einsatz und auf lange Sicht sind sie die richtigen.

Es kommt natürlich vor (und zwar wesentlich häufiger als das viel zitierte Fassen gesunden Wildes), dass Hunde bei der Bewegungsjagd auf krankes Wild stoßen – das lässt sich trotz größter Sorgfalt bei der Schussabgabe nicht immer ausschließen. In einer solchen Situation muss man vom Hund erwarten, dass er das kranke Stücke stellt und bindet, damit es so rasch wie möglich zur Strecke kommt. Das Verletzungsrisiko für den Hund, das vom Sitz der Kugel und der Wehrhaftigkeit des Stückes abhängt, muss man folglich in Kauf nehmen – dies gilt für jede Rasse gleichermaßen. Wirkliche Wild- und Schwarzwildschärfe zeigt sich nämlich vor allem am kranken Stück. Mancher Vorstehhund hat in dieser Situation eine verletzte Sau oder auch ein krankes Stück Rotwild gehalten, das ein geringerer Hund nicht hätte binden können, – und so eine langwierige und vielleicht erfolglose Nachsuche entbehrlich gemacht. Dies entspricht den Forderungen der §§ 1, 3 Nr. 8 und 17 (1) des Tierschutzgesetzes, das in § 17 denjenigen mit Strafe bedroht, der einem Wirbeltier „länger anhaltende ... erhebliche Schmerzen oder Leiden zufügt".

Es wäre übrigens schön – die Bemerkung sei hier gestattet –, wenn wir Jäger an unsere Schießfertigkeit und unsere Disziplin immer ähnlich tierschutzrelevante Maßstäbe anlegten, wie an unsere Hunde.

Werden wehrhafte Sauen bejagt, kann gerade der robuste Deutsch Drahthaar eine wertvolle Hilfe sein, wenn er einzeln und jagt und Schwarzwilderfahrung besitzt.

▸ Was heißt eigentlich „Hochläufigkeit"?

Bei der Diskussion um die Größe einzelner Hunderassen wäre überdies einmal grundsätzlich zu klären, was mit Hochläufigkeit gemeint ist und wo bei unseren Jagdhunden „unzulässige Hochläufigkeit" beginnt. Der Deutsche Wachtelhund – von den meisten Jägern als geeigneter Stöberhund für die Bewegungsjagd akzeptiert – muss ein Schultermaß von 48 bis 54 cm (Rüden) bzw. 45 bis 52 cm (Hündinnen) haben, der Deutsch Langhaar als größte der Deutschen Vorstehhundrassen zwischen 60 und 70 cm (Rüden) bzw. 58 und 66 cm (Hündinnen) liegen. Der durchschnittliche Langhaar ist also knapp 15 cm höher als der Deutsche Wachtelhund. Anders ausgedrückt: Ein starker Wachtelrüde kann fast so hoch wie eine Deutsch-Langhaar-Hündin sein. Der Verfasser dieser Zeilen führt einen Deutschen Wachtelhundrüden von 53 cm Stockmaß, der es an Höhe fast, an Masse und Kraft leicht mit vielen Vorstehhunden aufnehmen kann – beide Wurfbrüder seines Rüden sind noch kräftiger. Soweit die Zahlen ...

▸ Bewegungsjagd findet nicht im Sportstadion statt

Sicher entscheidet nicht nur die Schulterhöhe über Schnelligkeit eines Hundes, sondern auch die Körperproportionen und der damit verbundene Bewegungsablauf. Die meisten Vorstehhunde sind zweifelsohne recht schnell – wenngleich übrigens gerade der Deutsch Langhaar lange den Spitznamen „Deutsch Langsam" trug. Bewegungsjagden finden jedoch nicht im Leichtathletikstadion auf der Tartan-Bahn statt, sondern im deckungsreichen Wald: An Wild kann dort jeder Hund seine Schnelligkeit nur bei der sichtigen Jagd ausspielen – auf Fährte oder Spur kommt er nur so schnell voran, wie es seine Nase und damit verbunden seine Fährtensicherheit gestatten. Da sich jedes Stück Wild solange wie möglich in deckungsreichem Gelände von seinem Verfolger absetzt, endet unter den heutigen waldbaulichen Bedingungen mit kleinflächigen Verjüngungshorsten und anderem Bodenbewuchs die sichtige Jagd in der Regel sehr schnell, nämlich wenige Meter nach dem Aufjagen – 15 cm Schulterhöhe mehr oder weniger ändern daran wenig. Da die Vorstehhunderasse in der Regel mit höherer Nase und weniger fährteneng als Teckel, Terrier, Stöberhunde und Bracken arbeiten, kommen sie auf der Fährte erfahrungsgemäß nicht schneller voran als diese – durch die raschere Gangart überschießen sie Haken und Bögen vergleichsweise schneller. Ob die Fährte dann überhaupt nochweiter vorangebracht wird, hängt ab von dem Vermögen des einzelnen Hundes, die Fährte nach dem Überschießen wiederzufinden (Nase), und darüber hinaus von seinem Willen dazu (Fährtenwillen). Dieser wichtige Zusammenhang wird oft vernachlässigt.

Durch ihren Laut, der unbedingte Voraussetzung für jeden Hund ist, bleiben auch größere Hunde stets berechenbar. Zur Forderung des Deutschen Jagdschutzverbands, nach der sich das Wild den bei der Bewegungsjagd eingesetzten Hunden zeitweise entziehen können muss, besteht also kein Widerspruch.

Standauswahl, Konzept und natürlich Disziplin entscheiden über die Qualität der abgegebenen Schüsse – nicht das „Sprintvermögen“ der eingesetzten Hunde.

▸ Der Einzeljäger ist chancenlos

Egal, welcher Rasse er angehört – der zuverlässig einzeln und ohne Sichtkontakt jagende Hund stellt für gesundes Wild eine geringes Risiko dar, solange dieses nicht durch Zäune oder andere Hindernisse massiv in der Flucht behindert wird. Deutlich größer ist die Gefahr, und zwar ebenfalls rasseunabhängig, wenn es unter Hunden zur Meutebildung kommt – denken wir noch einmal an den Wolf.

▸ „Kurz und heftig“ oder „Schrecken ohne Ende“?

Wegen ihrer Art des Naseneinsatzes und aufgrund der typischen Einarbeitung jagen Vorstehhunde auf der Fährte meist deutlich kürzer, als es Rassen tun, die sich mit tiefer Nase daran „festsaugen“. Es kann trefflich darüber diskutiert werden, wer dem Wild „länger anhaltend“ Leiden zufügt: Der anfangs schnelle Hund, der nach kurzer Zeit die Jagd an gesundem Wild abbricht und zum Führer zurückkehrt oder der langsamere Vertreter, der mit tiefer Nase stets in größerer Distanz zum Stück jagt, es dafür aber wesentlich länger nicht zur Ruhe kommen lässt.

▸ Hohe Hunde = schlechte Schüsse? – So einfach ist es nicht ...

Ein Einwand gegen den Einsatz größerer Hunderassen lautet immer wieder, dass vor ihnen das Wild zu schnell kommt und keinen sicheren Schuss gestattet. Dies mag bei ungeschickter Auswahl der Schützenstände oder kleinflächigen Treiben vielleicht zutreffen, bei denen die Schützen, „eingeklemmt“ zwischen Dickungsrand und Grenze des Nachbarreviers, dem soeben aufgejagten und noch hochflüchtigen Wild chancenlos hinterherschauen müssen (oder dies zumindest sollten!). Werden die Stände aber, wie es ganz unabhängig von den eingesetzten Hunden sinnvoll

Index Schussabgabe pro Stück Wild – ein Beispiel

In einem steillagenreichen Mittelgebirgsrevier Deutschlands werden seit vielen Jahren Bewegungsjagden auf Schalenwild durchgeführt, bei denen vor allem Schwarzwild, in geringerem Umfang auch Rehwild und einzelne Stücke Rotwild zur Strecke kommen. Diese Jagden werden nach den hier vorgestellten Grundsätzen der Bewegungsjagd organisiert und als reine Hundejagden ohne Treiber durchgeführt. Durchschnittlich ein Drittel der eingesetzten Hunde sind zumeist schwarzwilderfahrene Vorstehhunde (DD, DK, KLM, PP, DL), die in den Schwarzwild-Kerneinständen zum Einsatz kommen. Die Verteilung der eingesetzten Hunde geht als Grundlage von einem jagenden Hund auf 10 bis 20 Hektar zu beunruhigender Fläche aus. Je nach Geländeausformung und Einstand sind es innerhalb dieses Rahmens mal mehr oder weniger.

Erhellend ist die Auswertung, die im Zuge der Nachbereitung jeder einzelnen Jagd vom Jagdleiter seit mehreren Jahren geführt wird. Durchschnittlich werden 1,5 Schüsse für jedes gestreckte Stück Wild abgegeben, bei keiner Jagd waren es mehr als 2 Schüsse pro erlegtem Stück. Solche Zahlen dürften bei den meisten Bewegungsjagden in Deutschland unerreicht bleiben.

An den großräumig angelegten Jagden nehmen zwischen 120 und 160 Schützen teil, deren Schießvermögen genauso von „bescheiden" bis „hervorragend" reicht, wie es wohl fast überall der Fall ist. Überdurchschnittlich ist in der Regel aber die Schussdisziplin, die bei den Jagden an den Tag gelegt wird. Hierfür verantwortlich sind in erster Linie die Jagdkonzeption sowie unmissverständliche Vorgaben des Jagdleiters und das Wissen der Teilnehmer, dass er es ernst meint.

ist und in Kap. „Die Planung im Vorfeld" beschrieben wird, nicht in die unmittelbare Nähe der Einstände, sondern weiträumig an bekannte Wildwechsel gelegt, kommt das Wild in der Regel ohnehin weit vor den Hunden und deshalb meist nicht schnell. Über die Qualität der abgegebenen Schüsse entscheiden immer noch und in erster Linie die Standauswahl des Jagdleiters und auch die an ihre Schießfertigkeiten angepasste Disziplin der eingeladenen Schützen – die Schnelligkeit der Hunde gibt sicher nicht den Ausschlag.

Jeder Jagdleiter mache sich die Mühe, die Schüsse auf seinen Jagden ins Verhältnis zur Strecke zu setzen, wie es in einem deutschen Mittelgebirgs-Revier seit längerer Zeit getan wird, bei dem der Einsatz von Vorstehhunden in durchdachter Mischung mit anderen Rassen seit Jahren üblich ist (siehe Kasten oben).

Die Planung im Vorfeld

von Eberhard Eisenbarth

Grundsatzüberlegungen

Eine sorgfältige Planung ist der zentrale Bestandteil einer guten Jagdvorbereitung – von ihr hängen die Sicherheit der Teilnehmer, ein reibungsloser Jagdablauf und vor allem auch der Jagderfolg ab! Sie muss sich an wesentlichen Kardinalpunkten orientieren und diese schon lange im Vorfeld der Jagd fixieren. Detailtiefe in der Planung nützt nichts, wenn nicht rechtzeitig eine angemessene Zahl an Hundeführern und Hunden gesichert werden kann, der Termin sich mit anderen Jagden überschneidet oder in einem vorgesehen Treiben am Jagdtag kaum Wild vorkommt.
Die zielsichere Beurteilung des Wildvorkommens gehört sicherlich zu den schwierigsten Herausforderungen bei der langfristigen Vorbereitung einer Jagd, denn durch Masten der Waldbäume, durch forstbetriebliche Maßnahmen oder durch den Jagddruck zeitlich überspannter Ansitzjagden kann es zu kurzfristigen Umstellungen des Wildes kommen.

Wie aber geht man nun am besten vor? Wichtig ist vor allem, früh genug mit der Planung zu beginnen. An erster Stelle sollte man sich Gedanken darüber machen, warum man eigentlich eine Jagd durchführen möchte, sich also ehrlich die Ziele der geplanten Jagd bewusst machen!

▸ Die Motive sind vielfältig

Geht es um die Reduktion des Wildbestandes und hierbei allgemein um Abschusserfüllung beim Schalenwild oder gezielt um die Reduktion einer ganz bestimmten Art, z. B. des Schwarzwildes aufgrund tierseuchenrechtlicher Auflagen? Spielen in diesem Zusammenhang Wildschäden in der Landwirtschaft oder im Wald eine Rolle? Will man mit der Jagd etwa gesellschaftlichen oder auch geschäftlichen Verpflichtungen nachkommen oder schätzt man diese doch recht aktive Form der Jagdausübung einfach besonders wegen ihrer charakteristischen Eigenarten? So wie bei der Fischerei mancher das eher entspannte Angeln mit Köder auf Friedfische, andere das Fischen mit der Spinnrute auf Raubfische oder mit der Fliege auf Salmoniden bevorzugen, so ist es auch bei der Jagd, wo dem beschaulichen und entspannten Ansitz neben der abwechslungsreichen Pirsch die Bewegungsjagd als sehr dynamische Jagdform gegenübersteht.

Möchte man revierlose Jäger an der Jagd teilhaben lassen, die als Jagdgäste im laufenden Jagdbetrieb nicht berücksichtigt werden konnten? Hat man besondere Verpflichtungen gegenüber dem Jagdhundewesen und will sich für geleistete Arbeit auf Prüfungen oder für Verdienste im Verbandswesen bedanken oder auch Hunden und Hundeführern Gelegenheit zur jagdpraktischen Ausbildung geben?

Diesem sicher nicht abschließenden Katalog denkbarer Beweggründe für die Durchführung einer Bewegungsjagd ist jedenfalls eines gemeinsam – das gemeinschaftliche Jagen. Die Bewegungsjagd ist eine Gesellschaftsjagd. Viele der aufgeführten Beweggründe sind ineinander verwoben und kommen miteinander zum Tragen.

Man sollte sich jedenfalls im Klaren darüber sein, was man mit einer Jagd erreichen will und ehrlich dazu stehen. Es ist nicht unrühmlich, einem guten (Geschäfts-)Freund eine Freude mit der Einladung zu einer Jagd mit guter Strecke bereiten zu wollen. Und geht es um Wildbestandsregulierung, so ist die Bewegungsjagd sicherlich auch eine Jagdform, die einen diesem Ziel ein Stück näher bringen kann, wenngleich die Möglichkeit zur Wildbestandsregulierung durch Bewegungsjagden oft überschätzt wird (s. Kapitel „Bewegungsjagd und Wild").

▸ Die Eckpfeiler der Planung

Nebenstehender Kasten enthält die Eckpunkte, die im Vorfeld einer detaillierteren Planung geklärt sein müssen.

Im Vorfeld – die Eckpunkte der Planung

- Zeitpunkt der Jagd
- Anlage und Größe der Jagd
- Organisation der Hunde und Nachsuchengespanne
- Die Hilfsmannschaft
- Organisation der Wildversorgung und -verwertung

Auch an nachrangige Aspekte wie die Verfügbarkeit von Bläsern und die Reservierung eines geeigneten Lokals für das Schüsseltreiben sollte nicht zu spät gedacht werden.

Diese Eckpunkte stellen keine Prioritätenliste dar, sondern bilden vielmehr ein Organisationsgerüst, das nach und nach mit detaillierteren Inhalten gefüllt wird. Seine nachfolgende Beschreibung enthält daher auch grundsätzliche Ausführungen, auf denen die spätere Beschreibung der Detailplanung aufbaut.

▸ Wann steht das Wild wo?

Die beste Zeit für Bewegungsjagden ist der Herbst. Stilvoller und althergebrachter Beginn der Herbstjagden war bis vor einigen Jahren der Hubertustag, der 3. November, der seit dem 17. Jh. als Namensfest des Heiligen Hubertus gefeiert wird. Für diesen klassischen Termin sprechen nicht nur traditionelle, sondern auch praktische Erwägungen: Nach dem Laubfall kann anwechselndes Wild auf größere Entfernung bereits früher bemerkt und in der Folge sicherer angesprochen und erlegt werden. Wo auf diesen Jagden auch männliches Reh-

Hängt das Laub noch an den Bäumen, ist das für die Bewegungsjagd nicht ideal – wer will sich hier rechtzeitig auf Wild einstellen?

wild freigegeben werden soll, wird mit den Bewegungsjagden heute deutlich eher begonnen.

Bei der Terminwahl sind außerdem wildspezifische Verhaltensweisen zu berücksichtigen. Gilt die Zielsetzung der Jagd auch dem Rotwild, sind dessen Einstände in Abhängigkeit von Jahreszeit und Höhenlage zu berücksichtigen, wenn das Rotwild mit Einzug des Winters aus höheren Lagen in mildere Tieflagen zieht. Beim Schwarzwild beeinflussen vor allem die Masten der Waldbäume die Wahl der Einstände in hohem Maße. Für Eiche und Buche lassen sich Masten bereits im Frühjahr anhand des Blühens prognostizieren. Mit Beginn des Mastfalls findet sich aber nicht nur das Schwarzwild an diesem reich gedeckten Tisch ein, sondern auch andere Wildarten. Bei Berücksichtigung dieser Zusammenhänge kann die Terminierung einer Jagd zum falschen Zeitpunkt und dazu am falschen Ort weitgehend vermieden werden.

▸ Terminkollisionen vermeiden, gemeinsame Termine suchen

Ein weiterer Gesichtspunkt bei der Terminfestlegung sind Überschneidungen mit anderen Jagden. Hier spielen gleich zwei Aspekte eine Rolle. Innerhalb einer Region müssen sich bei Terminüberschneidungen die Jagdgäste entscheiden, zu wem sie gehen. Hier geht es nach dem allseits bekannten Motto „wer zuerst kommt, malt zuerst" oft nach dem Posteingang. Trifft die aus welchen Gründen auch immer interessantere Einladung des guten Freundes erst später ein, kommt beim Eingeladenen in den wenigsten Fällen Freude auf.

Der später Einladende muss zudem mit weniger Schützen auskommen, als er vielleicht vorgesehen hat oder benötigt. Da mancher Jagdgast diesem Konflikt durch ein abwartendes Zusageverhalten aus dem Weg gehen möchte, kommen die Rückmeldungen zudem oft erst recht spät an.

Gravierender wiegt ein weiterer Aspekt: Die Organisation der Hunde und Nachsuchengespanne. Gute jagende Hunde sind nicht allzu häufig und der „Streit“ um sie regelmäßig vorprogrammiert. Noch mehr gilt dies für Nachsuchengespanne, zumal dann, wenn der Nachsuchenführer nicht auch zur Jagd selbst eingeladen wird. Stehen örtlich oder regional keine Nachsuchengespanne zur Verfügung, müssen sie von weiter her bemüht werden, was einen höheren Aufwand bedeutet. Diese wenigen Aspekte mögen zeigen, wie wichtig es ist, den Jagdtermin sorgfältig zu planen und schon weit im Vorfeld zu koordinieren.

Wo immer die Revierverhältnisse es ermöglichen und das Nachbarschaftsverhältnis es zulässt, sollten kleinere Reviere grenzübergreifende Bewegungsjagden auf sinnvollen Mindestflächen verabreden! Auch hierüber müssen Gespräche so früh wie möglich geführt werden!

Die Jagdstrategie

Das Jagdgebiet ist durch Pacht oder Besitz in der Regel vorgegeben – insofern scheint die Frage nach der Jagdfläche vielfach überflüssig. Bei einer entsprechenden Größe seines Jagdreviers muss sich der Jagdausübungsberechtigte aber fragen, in welchen Revierteilen er die Jagd durchführen will. Die Überlegungen zur Fläche können zudem von der Frage nach der gewünschten Größe der Jagdgesellschaft beeinflusst werden. Stellt man einfach nur die Jagdgäste in 50-Meter-Abständen in langen Linien rund um das Jagdrevier, ist es freilich kein Kunststück, viele Jäger auch auf kleiner Fläche unterzubringen – und „kaputt“ macht man mit einem solch einfallslosen „Konzept“ natürlich auch nichts.

Das hier empfohlene Vorgehen, das bereits im Einleitungskapitel skizziert wurde und auf das auch noch an anderen Stellen des Buches Bezug genommen wird, benötigt eine feine Abstimmung zwischen Schützenzahl und Flächengröße. Auf ein Abstellen in Linien wird möglichst verzichtet, denn Linien bergen oft Gefahrenpotenziale. Da die Jäger vielmehr auf ausgesuchten Standplätzen über die gesamte Fläche verteilt werden, ergibt sich bei gleicher Schützenzahl eine beträchtlich größere Jagdfläche im Vergleich zu traditionellen Konzepten.

▸ **Auf großer Fläche Wechsel besetzen**

Wie sieht diese Strategie nun also aus? Sie baut darauf, dass das Wild die ihm vertrauten Wechsel nutzt, wenn es die Einstände verlässt. Dies sind in der Regel nicht die Wechsel zu Kirrstellen oder Fütterungen, sondern diejenigen, die zwischen wechselnden Einständen in Abhängigkeit von Aktivitätsprofil und Jahreszeit benutzt werden. In Taleinhängen sind sie bei leichter Schneelage beispielsweise in Althölzern vom Gegenhang aus – zumeist hangparallel verlaufend – gut erkennbar. Da diese Wechsel sehr regelmäßig über lange Zeit genutzt und über Tradierung auch an nachfolgende Generationen weitergegeben werden, sind sie aber auch ganz allgemein gut festzustellen.

Die Schützen werden diesen Wechseln so zugeordnet, dass sie grundsätzlich nach allen Seiten schießen können, ohne einen anderen Standschützen zu gefährden. So kommt es zu einer lockeren Verteilung der Schützen über die gesamte Fläche. Wild, das von einem Jäger nicht beschossen werden kann, kommt in der Regel einem Nachbarn, da es eben meist die vertrauten Wechsel bevorzugt.

Gesprengte Schwarzwildrotten, aufgelöste Rudelverbände oder abgesprengte Jungtiere flüchten aber auch über Fluchtwechsel. Ihre Kenntnis setzt jahrelange Erfahrung voraus, da sie im Gelände eigentlich nicht erkennbar sind – in Gefahrensituationen werden sie dennoch immer wieder vom Wild angenommen. Schneller kann man diese Fluchtwechsel aber über Beobachtungen, die von Schützen oder Hundeführern mittels Standkarten (s. Kap. „Die Vorbereitung im Detail") dokumentiert werden, feststellen, überprüfen und zur Optimierung der Standplätze bei der nächsten Jagd nutzen.

In Verbindung mit einer Konzentration der Beunruhigung auf die Einstände hat die Ausbreitung der Jagd über eine größere Fläche unter anderem den Vorteil, dass sich die Jagdstrategie am Fluchtverhalten des Wildes orientiert. Außerhalb der Einstände kommt es nach einer gewissen Zeit zur Ruhe und legt stellenweise geradezu „Denkpausen" ein, um sich neu zu orientieren. Gerade bei Rotwild lässt sich dies zuweilen gut beobachten. So ziehen die Stücke nach Abschütteln der Hunde und in gehöriger Entfernung von den Einständen meist deutlich ruhiger und vertrauter in langsamerer Gangart weiter. Dann gelingt oft ein guter Schuss.

Stücke, die einem Schützen ungünstig kommen, wechseln bei dieser schrotschussartigen Standplatzverteilung über die Fläche regelmäßig den nächsten Stand an. Schussdisziplin trägt hier insofern zum Gesamterfolg bei, als ein nicht schussgerecht anwechselndes Stück fast immer einem der Nachbarn besser kommt und der dann oft einen guten Schuss antragen kann (s. Kapitel „Die Hunde sind das A und O – ", Kasten S. 52).

Grundsätzlich ist dieses Konzept der Bewegungsjagd unabhängig von der Geländeausformung; im bergigen oder hügeligen Gelände fällt die Standauswahl insofern leichter, als die Geländeausformung und hier insbesondere die Hangneigung so in die Planung miteinbezo-

Tipp

Auch die beste Planung schützt vor Unwägbarkeiten nicht: Gelegentlich schlägt das Wild auch vollkommen unvorhersehbare Fluchtwege ein. Es ist deshalb immer sinnvoll, neben den Schützenständen an vertrauten Einstandswechseln und an bekannten Fluchtwechseln auch eine gewissen Standreserve in den dadurch nicht abgedeckten Bereichen zusätzlich vorzusehen.

Jagdgebietskarte einer groß angelegten Bewegungsjagd in einem steillagerreichen Mittelgebirgsrevier.

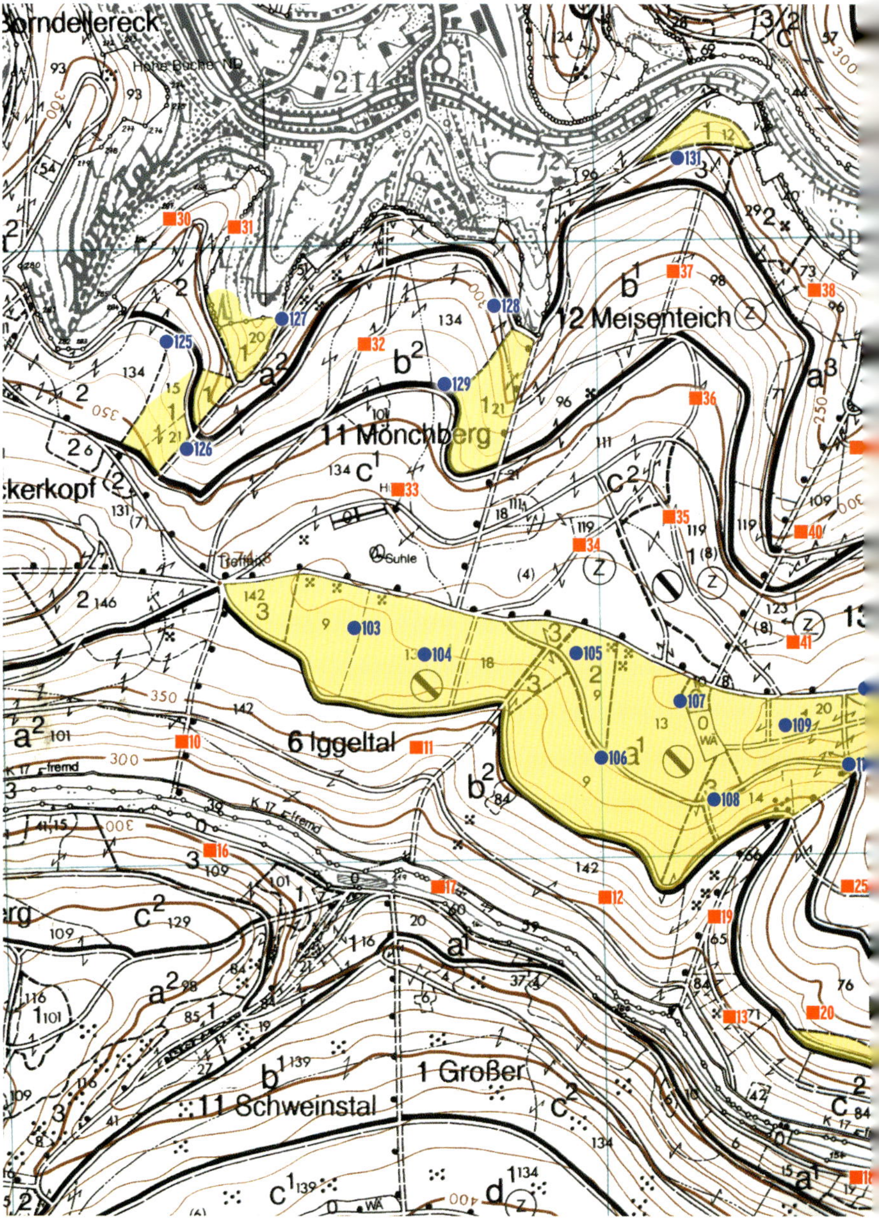

Beunruhigungsflächen ●119 Jäger mit Hund ■27 Standplatzschütze

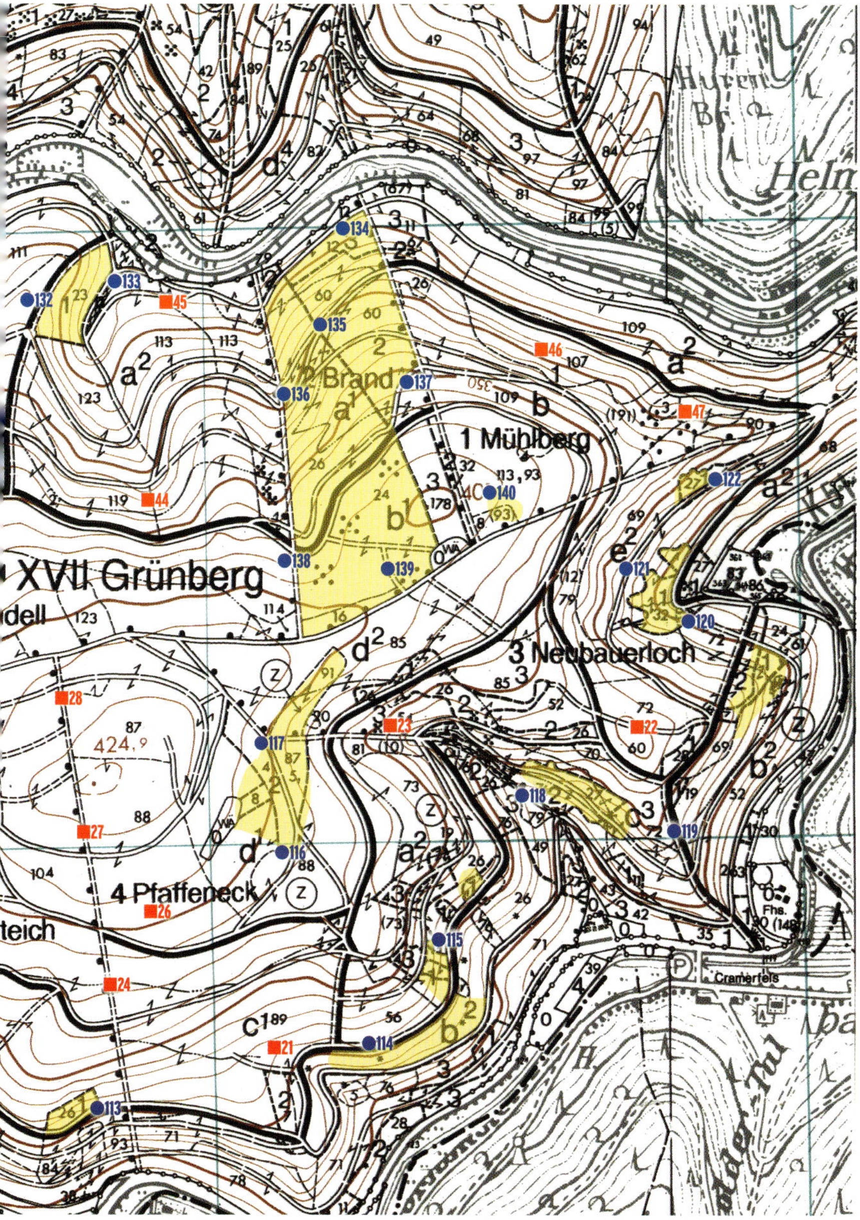

ßstab der Originalkarte: 1 : 10 000

0 50 100 200 300 400 500 750 1000m

Tipp

Voraussetzung für die hier skizzierte Flächenstrategie ist eine fast intime Kenntnis des Reviers! Über die Wildeinstände (Dickungen und Stangenhölzer), Wildwechsel, das für das Gebiet und die Topographie jahreszeitlich typische Einstandsverhalten des Wildes etc. muss beim Veranstalter der Jagd Klarheit herrschen. Der Anspruch an die Planung einer Bewegungsjagd, wie sie hier verstanden wird, ist sehr hoch, denn Flächengröße, Anzahl der Teilnehmer und die ausgewählten Stände müssen exakt aufeinander abgestimmt sein.

gen werden kann, dass sie dem Jagdablauf und -erfolg zugute kommt. So ist in kuppiertem Gelände die Frage des Kugelfangs meist schneller beantwortet als in der Ebene – hier können aber z. B. Ansitzböcke helfen, potenzielle Gefahrenmomente auszuschließen (s. Kap. „Die Vorbereiztung im Detail").

Die vorangegangene Doppelseite des Buches zeigt eine Jagdkarte, die das Konzept der Schützenverteilung auf der Fläche für eine großflächig angelegte Jagd in einem steillagenreichen Revier verdeutlicht.

▸ **Nachteile der Schützenlinie**

Bei dem Abstellen der Schützen in Linien kommt es nur zu häufig vor, dass Wild die Linie durchbricht und danach keine weitere Chance mehr besteht, es zu erlegen. In der Regel haben hierbei nur zwei Schützen die Möglichkeit zur Erlegung – nämlich die, zwischen denen das oder die Stücke durchbrechen. Das gleiche gilt für Riegel, deren aus Sicherheitsgründen notwendigen großen Abstände dem Wild zahlreiche Möglichkeiten zur unbemerkten Flucht in ruhigere Gefilde lassen.

Außerdem muss hier nachdrücklich auf mögliche Gefahrenquellen des Abstellens in Linie hingewiesen werden. Beim verbotenen Durchziehen mit der Waffe durch die Schützenlinie ist häufig viel Glück im Spiel, dass dieses „Delikt" nicht zu einem Unfall führt. Ein weiterer Gefahrenpunkt für in Linie abgestellte Schützen sind Querschläger. Flintenlaufgeschosse sind hier wegen ihres unkontrollierten ballistischen Verhaltens besonders gefährlich und sollten vermieden werden (s. Kapitel „Die Ausrüstung"). Bei der hier bevorzugten Anlage einer Bewegungsjagd kann man auf das Abstellen der Schützen in Linien weitgehend verzichten und so deren sicherheitsrelevante Nachteile vermeiden.

Gegen die „Linienstrategie" spricht außerdem die „Verschwendung" von Schützen an nicht optimale Standplätze, die es in Linien zwangsläufig gibt. Bei einer optimalen Verteilung auf der Fläche hat dagegen zum einen jeder Schütze wesentlich größere Chancen, zum anderen dient es dem Gesamterfolg der Jagd, dass das Wild in der Regel mehreren Schützen kommt und erlegt werden kann.

Die Zahl der Treiben

Die organisatorischen Schwierigkeiten steigen mit der Zahl der Treiben, bedingt durch das Umsetzen, die Neueinteilung und das Einweisen von Schützen und Hundeführern in den Folgetreiben. Trotz bester Organisation kommt es bei zu vielen Treiben regelmäßig zu Behinderungen des Jagdablaufs. Wegen der vielschichtigen und komplexen Organisation großer Jagden, an denen unter Umständen über einhundert Schützen bewegt werden müssen, können mehr als zwei Treiben sinnvoll nicht durchgeführt werden und widersprechen außerdem der hier vorgestellten Konzeption, auf großer Fläche gleichzeitig mit vielen Jägern zu jagen.

Tipp

Unter Zeitdruck passieren nicht nur kleine, sondern auch entscheidende Fehler! Zeit ist ein ganz wesentlicher Faktor für den reibungslosen Ablauf einer Bewegungsjagd und damit ein wesentliches Entscheidungskriterium für die Anzahl der Treiben. Ausreichend Zeit vorzusehen, ist eine der wichtigsten Planungsaufgaben!

▶ **Nicht mehr als zwei Treiben**

Man muss sich ganz einfach nur die vielen menschlichen Schwächen vor Augen halten, dann wird schnell klar, was gemeint ist. Da vergisst einer seinen Sitzstock, der andere vergisst, wem er zugeordnet ist oder kennt dessen Auto nicht, der anstellende Gruppenführer fährt ab, ohne seine Schützengruppe komplett zu haben, der nächste sucht noch seinen Hund etc. – erfahrungsgemäß muss beim Ablauf einer Jagd mit einer ganzen Reihe von Unzulänglichkeiten gerechnet werden, die selbst eine gute Planung scheitern lassen oder zumindest einen nicht optimalen Ablauf nach sich ziehen können. Letzteres kann in Verzögerungen beim Abrücken auf die Stände, deren hastigem Besetzen, gepaart mit schlechter oder gar fehlender Einweisung durch den anstellenden Gruppenführer bestehen und über ein Auslassen von Ständen bis hin zu einem fehlenden Überblick bei der Jagdleitung mit eventuell fatalen Folgen reichen. Da der Zeitplan eingehalten werden muss, wird das Treiben unter Umständen schon begonnen, bevor alle Stände besetzt sind, und das Wild wechselt ungesehen aus. Ähnlich geht es beim Abrücken von den Ständen unter Zeitdruck weiter: Von mangelhafter Kontrolle der Anschüsse bis zu ungenügendem Versorgen oder Liegenlassen unaufgebrochenen Wildes bis zum Ende der Jagd reichen hier die Folgen.

Weitere Argumente sprechen gegen mehr als zwei Treiben. Verschiedene benachbarte kleine Treiben bergen immer die Gefahr, dass jagende Hunde hinter Wild von einem Treiben ins nächste wechseln und das Wild dort vorzeitig aufmüden. Erschwerend kommen Probleme bei der Zuordnung von in Folgetreiben erlegtem, zuvor vielleicht krank geschossenem Wild am Ende der Jagd und die Erschwerung bei Nachsuchen durch mehrere räumlich zusammenhängende Treiben hinzu. Kontroll- oder Nachsuchen können in diesem Fall schon allein deshalb nicht unmittelbar nach dem Treiben durchgeführt werden, weil beim Verlauf der Wundfährte ins nächste Treiben das Nachsuchengespann gefährdet wäre, denn niemand kann ahnen, wo das Nachsuchengespann plötzlich auftaucht.

Beschränken wir uns also in der Folge auf die Zahl von einem oder zwei räumlich voneinander getrennten Treiben. Manchmal lässt allein der Revierzuschnitt keine Wahl und verlangt zwei Treiben. Besteht hier aber Freiheit, sprechen eine Reihe von Argumenten für oder gegen ein oder zwei Treiben.

Zwei Treiben – was spricht dafür?

Bei der Anlage von zwei Treiben kann eine längere Mittagspause nicht nur zur Vesper in geselliger Runde genutzt werden – sicherlich ein positiver Aspekt einer Gesellschaftsjagd –, hier besteht für den Jagdleiter auch Gelegenheit zu einer kurzen Zwischenbilanz: über das bisherige Wildvorkommen kann berichtet und die bisher erzielte Strecke bekannt gegeben werden. Fehlverhalten mag angemahnt und ggf. geahndet werden oder – bei eklatanten Fehlabschüssen – die Freigabe für das zweite Treiben korrigiert werden.

Außerdem lassen sich hier schon zeitnah Schüsse klären und diejenigen Nachsuchen veranlassen, die aller Einschätzung nach entweder kurze Totsuchen sind und innerhalb der Pause beendet werden können oder aber bei ausreichendem Abstand zum nächsten Treiben mit großer Wahrscheinlichkeit nicht dorthin führen. Solche Nachsuchen können dann bei noch zumeist gutem Licht zu Ende gebracht werden. Voraussetzung ist allerdings, die Nachsuchengespanne so in die Organisation einzubinden, dass sie im zweiten Treiben für Nachsuchen freigestellt, aber auch weiter in den Ablauf der Jagd integriert sind, wenn keine Nachsuchen nach dem ersten Treiben anfallen.

Eine Mittagspause zwischen zwei kürzeren Treiben ermöglicht auch das relativ rasche Bergen, Aufbrechen und Versorgen des bereits erlegten Wildes. Dies wirkt sich positiv auf die Wildbrethygiene aus, denn an die Qualitäten des Wildbrets werden zunehmend höhere Anforderungen gestellt.

Fehlende Hunde können in der Pause in begrenztem Rahmen für den weiteren Einsatz gesucht, leichtere Blessuren an anderen versorgt werden. Ist eine Neueinteilung der Schützen in Gruppen erforderlich, kann dies ohne Hektik zugleich mit einer kurzen Einweisung in das zweite Treiben erfolgen. Eine längere Pause zwischen zwei Treiben hat also einige Vorteile. Sie sind aber zum Teil auch bei der Anlage eines einzigen großen Treibens zu verzeichnen, denn in der Regel hier ist am frühen Nachmittag das Treiben vorbei, und während die jagdorganisatorischen Arbeiten erledigt werden und Strecke gelegt wird, bleibt genügend Zeit für Vesper, Konversation, Erfahrungsaustausch und Berichte über persönliche Jagderlebnisse.

Der Einwand, dass zwei kürzere Treiben im Hinblick auf kaltes Wetter und nachlassende Konzentrationsfähigkeit „leichter durchzustehen" seien – es soll auch schon vorgekommen sein, dass sich in Linie abgestellte Jäger zusammenrotteten und ein wärmendes Feuerchen entfachten –, kann allerdings kein wirklich ernst zu nehmendes Entscheidungskriterium sein: Wer ein- oder vielleicht auch mehrmals im Jahr an großen Bewegungsjagden teilnimmt, sollte es eigentlich fertig bringen, auch einmal drei bis vier Stunden konzentriert auf einem Stand zu stehen oder sitzen. In der Regel ist ja vorher bekannt, wie lange die Treiben dauern und, um den Nestor des jagdlichen Gebrauchshundewesens Dr. Carl Tabel zu zitieren, „... wem auf der Jagd kalt wird, der ist arm oder dumm!“. Jeder kann sich entsprechend einrichten!

Was spricht gegen zwei Treiben?

Bei der Jagdanlage in zwei Treiben entsteht trotz vermeintlich ausreichend eingeplanter Zeit dazwischen oft dennoch Zeitdruck. Da der Zeitplan eingehalten werden und das zweite Treiben seinen geplanten Gang gehen muss, wird dann das zweite Treiben verkürzt oder aber einfach nach hinten verschoben, sodass man nur allzu oft noch in die Dämmerung hinein gerät. Anschüsse werden nun bei schlechtem Licht untersucht, Nach- und Kontrollsuchen sind nicht mehr möglich. Bei solchen Jagden wird daher die Strecke auch regelmäßig in der Dunkelheit gelegt. Der romantische Fackelschein darf aber nicht über die organisatorischen Unzulänglichkeiten hinweg täuschen.

Manche versuchen, das „Pensum“ durch einen möglichst frühen Jagdbeginn sicherzustellen, der im Winter mit 08.00 Uhr zuweilen noch in der Morgendämmerung liegt. Das führt dann dazu, dass Wild beim Aufsuchen der Tageseinstände durch die anrollenden Schützengruppen überrascht und während des Anstellens bereits flüchtig wird, sodass die Einstände bei Jagdbeginn leer sind.

Die Hunde jagen im zweiten Treiben meist nur noch eingeschränkt: Sie sind nach dem ersten Treiben oft bereits erschöpft, die Pause reicht nicht immer zur Erholung aus. Viele Hunde sind mangels „Training“ oder, besser gesagt, entsprechender Jagdeinsätze nicht in konditioneller Bestverfassung.

Ein zu früher Jagdbeginn, um zwei Treiben „durchzupauken“, ist keine Lösung: Unter Umständen hat das Wild die Einstände noch gar nicht bezogen.

Ob nun ein oder zwei Treiben durchgeführt werden, hängt bei Abwägung aller Für und Wider letztlich auch von der Zielsetzung der Jagdleitung ab. Stehen für den Jagdleiter gesellschaftliche Belange im Vordergrund, sind zwei Treiben vielleicht die bessere Alternative – der beschriebenen Nachteile, vor allem für Wild und Organisation, muss man sich allerdings bewusst sein.

Weniger ist mehr – ein Treiben ist besser!

Den Belangen der Weidgerechtigkeit und dem Wild wird bei der Durchführung nur eines Treibens eher Rechnung getragen, und ein reibungsloser Jagdablauf ohne Zeitdruck trägt auch zum Jagderfolg bei.

Die Jagd muss nicht zu früh beginnen, wird dann über die Mittagszeit durchgeführt und kann rechtzeitig nach rund drei bis vier Stunden beendet werden. Ein nicht zu früher Beginn der Jagd kommt auch den winterlichen Straßenverhältnissen entgegen, denn trotz zeitiger Abfahrt und des Einplanens schlechter Witterung kann – auch unverschuldet – die Verkehrssituation eine pünktliche Anreise erschweren. So muss ein geladener Gast bei Beurteilung der Witterungsverhältnisse dann nicht unvermittelt absagen, nur weil er keine Chance sieht, den Treffpunkt zeitgerecht zu erreichen.

Der wichtigste Gesichtspunkt, der für ein Treiben spricht, ist also der Faktor Zeit, der einen geregelten Jagdablauf vor, während und nach dem Treiben gestattet. Die Stände können mit der gebotenen Ruhe bezogen werden. Wenn nach ausreichendem Vorlauf oder nach Verständigung über Mobilfunk sichergestellt ist, dass alle Stände besetzt sind, können die Hundeführer zeitlich versetzt die ihnen zugewiesenen Einstände und Beunruhigungsbereiche angehen. Sollte Wild schon hierbei auswechseln, sind die Stände bereits besetzt, und – wenn der Schuss nach Bezug des Standplatzes gestattet ist – es kann geschossen werden.

Tipp

Ein Treiben bietet die Möglichkeit, einer deutlich höheren Zahl an Jägern Gelegenheit zur Jagd zu verschaffen. Auf gleicher Fläche können bei einem Treiben schlicht und einfach die doppelte Anzahl an Jägern teilnehmen als bei Aufteilung dieser Fläche in zwei Treiben.

Dieser Aspekt ist nicht zu unterschätzen und kann vor allem bei Jagden der öffentlichen Hand durchaus eine Rolle spielen. Die Größe der Staatsjagdreviere und entsprechend mannstarke Organisationsteams erlauben es vor allem den Forstämtern in der Regel, solche Jagden zu organisieren, und möglichst vielen – oft revierlosen Jägern die Teilnahme an Gesellschaftsjagden zu ermöglichen.

▸ Aufbrechpause und „Hundepause"

Ein Problem bei Durchführung nur eines längeren Treibens ist die aus wildbrethygienischen Gründen zeitgerechte Versorgung des früh erlegten Wildes. Eine Aufbrechpause nach zwei Stunden, ein probater veterinärmedizinischer Grenzwert für die Verhitzungsgefahr des Wildbrets (die Angaben hierzu reichen von 1,5 bis zu 3 Stunden), kann hier Abhilfe schaffen. In dieser Zeit dürfen natürlich nur sichere Fangschüsse erlaubt sein. Gegen das Aufbrechen am Erlegungsort ist grundsätzlich nichts einzuwenden, wenn nicht tierseuchenrechtliche Gründe dagegen sprechen. Das zentrale Aufbrechen mit vorschriftsmäßiger Entsorgung des Aufbruchs und Desinfektion des Aufbruchplatzes ist bei tierseuchenrechtlichen Restriktionen hingegen ein Muss.

Eine ganz andere, im Folgekapitel näher beschriebene Form der Pause während des Treibens kann aus jagdtaktischen Gründen gewählt werden, in der die Jagd aber gerade nicht ruht: Wird die Beunruhigung für einen Zeitraum eingestellt, in dem die Hundeführer ihre Hunde annehmen und anleinen und ruhig auf einem Standplatz verbleiben, wechselt das Wild nicht selten zum angestammten Einstand und kann bei die-

In Abhängigkeit von der Länge des Treibens muss aus wildbrethygienischen Gründen eine Aufbrechpause eingeplant werden.

Nach dem Treiben müssen Wild ohne Hektik geborgen, Schüsse und Nachsuchen geklärt werden – für die übrigen Teilnehmer eine Gelegenheit zum Imbiss und zu Gesprächen.

ser Gelegenheit zumeist gut erlegt werden. Zeitgleich dürfen Beunruhigungspause (Jagd geht weiter) und Aufbrechpause (Jagd ist unterbrochen) aber aus Sicherheitsgründen nicht stattfinden!

Die Jagdleitung muss also entscheiden, ob sie beim Einlegen einer taktischen „Hundepause" die Gesamtdauer des Treibens auf einen aus wildbrethygienischer Sicht vertretbaren Zeitraum abstellt oder bei längerem Treiben eine „Aufbrechpause"einlegt.

Nach dem Treiben ist ausreichend Zeit, Wild zu bergen, Anschüsse zu kontrollieren und ggf. nachzusuchen. Die Strecke wird noch bei Helligkeit gelegt und auch der Wildbretverkauf kann sofort ab Strecke erfolgen.

Während diese jagdorganisatorischen Aufgaben nach dem Treiben erledigt werden, kann dem geselligen Aspekt einer Gesellschaftsjagd Rechnung getragen werden, denn es besteht für die vielen Gäste nun ausreichend Zeit zum regen Gedankenaustausch. Kaffee, Kuchen oder eine warme Suppe mögen die manchem etwas lang werdende Zeit verkürzen – das Bergen des Wildes aber, die Klärung von Schüssen und die Organisation notwendiger Nachsuchen müssen professionell und ohne Hast erledigt werden.

Nur ein Treiben – die wichtigsten Vorteile

- Größere Jagdfläche
- Größere Anzahl an Jägern
- Ausreichend Zeit für die Standbesetzung
- Ausreichend Zeit für Wildbergung und -versorgung
- Ausreichend Zeit für Nachsuchen

Die Mannschaft: Jäger mit Hund und andere Helfer

Die Jäger mit dem Hund sind das Herzstück einer jeden Bewegungsjagd. Die Hunde sind bereits in einem eigenen Kapitel behandelt worden. An dieser

Stelle soll daher eher auf die Einbindung der Hundegespanne in die Jagdorgansition eingegangen werden

▸ Jagende Hundegespanne

Soll die Bewegungsjagd erfolgreich sein, müssen an die jagenden Hundegespanne hohe Anforderungen gestellt werden. Der Hundeführer muss besonnen, zuverlässig und darf nicht ängstlich sein. Er sollte keine Dickung scheuen – weder bei Regen, Schnee und Dornen –, und er muss bereit und in der Lage sein, seinen Hund in kritischen Situationen zu unterstützen, also beispielsweise dann, wenn krankgeschossenes Wild gestellt oder fallweise sogar gehalten wird. Hier ist Zaudern fehl am Platz und der Hundeführer an erster Stelle gefordert. Besonnenheit beim Gebrauch der Schusswaffe und die Fähigkeit und Bereitschaft zum Einsatz der kalten Waffe sind unverzichtbar. Von der Schusswaffe werden versierte Hundeführer an gebundenem Wild kaum je Gebrauch machen, die Gefahr für die stellenden Hunde ist fast immer einfach zu groß. Eine derartige Situation ist nicht mit der Nachsuche vergleichbar, wo ein hierin ausgebildeter Hund jeweils ein Stück stellt. Auf Nachsuchen eingearbeitete Hunde haben Erfahrung im Stellen kranken Wildes, und es handelt sich in der Regel auch stets um den eigenen Hund, wenn der Schweißhundeführer von der Schusswaffe Gebrauch macht.

Der Einsatz von Kurzwaffen sollte wegen der besonderen Risiken, die damit verbunden sind, immer kategorisch ausgeschlossen werden (s. Kapitel „Die Ausrüstung“).

Die Messlatte für die Zuverlässigkeit eines Hundeführers muss also hoch angelegt werden. Es genügt nicht, sich einfach nur einen Hund zuzulegen – das al-

Engagierte Hundeführer sind kein Zufallsprodukt

Hundeführer in der geforderten Qualität sind ein „knappes Gut“ und nicht beliebig vemehrbar, sodass „Versorgungsengpässe“ während der Jagdsaison entstehen können. Jeder Region ist nur zu empfehlen, sich um das Heranziehen genügend guter Hundeführer zu kümmern.

Dies ist natürlich schwierig in einem Bereich, der weit überwiegend auf Freiwilligkeit fußt. Wichtig ist es vor allem, sich für eine kontinuierliche Hundeausbildung zu engagieren. Hier sei nur die Unterstützung von Hundeprüfungen durch Bereitstellung von Jagdrevieren und aktive Mithilfe genannt. Prüfungen sind wichtig, Erfahrung kann man aber nur in der Praxis sammeln! Deshalb ist die Berücksichtigung bisher unerfahrener Hundeführer mit ihren Hunden bei der Jagdeinladung eine weitere von zahlreichen Möglichkeiten, mit denen man sich einen Stamm oder zumindest eine Kerntruppe an engagierten Hundeführern sichern kann.

Aber auch die Hundeleute selbst müssen sich natürlich aktiv um „Nachwuchs“ in ihrer Region bemühen und über ihre Kontakte neuen oder noch unerfahreneren Hundeführern die Chance zur Bewährung einräumen.

lein macht keinen brauchbaren Hundeführer. Erfahrung und Übung erlangt man nur durch häufigen und engagierten Einsatz während der Jagdsaison, und es sind nicht sehr viele, die dieses Engagement zu zeigen bereit oder in der Lage sind. Es ist so: Gute Hundeführer sind ebenso rar wie wirklich gute Hunde

Wichtige Merkmale eines Hundeführers oder der Mitglieder einer gemeinsam jagenden Hundeführergruppe sind ihre Moral, die Beherrschung des Handwerks, jagdlicher Anstand und vor allem ihre Zuverlässigkeit, die sich aber nicht nur im Umgang mit der Waffe erschöpft. Sie ist regelmäßig auch dann gefordert, wenn es in Grenzfällen stets heißen muss: den Finger bitte gerade lassen! Gerade wegen der Bewegung im Treiben muss der Hundeführer eine hohes Sicherheitsbewusstsein haben. Dem hat die seit 1. Januar 2000 gültige UVV Jagd der Landwirtschaftlichen Berufsgenossenschaft Rechnung getragen, die das Führen geladener Waffen im Treiben untersagt. Die Interpretation der Durchführungsanweisung (zu Absatz 11.1) geht von der unterladenen Waffe aus – dies ist von der Sache her korrekt und nachvollziehbar, denn auch der Nachsuchenführer hat während der Nachsuche unterladen. Es darf sich also keine Patrone im Patronenlager befinden.

Es empfiehlt sich, mit Hundeführern und Nachsuchengespannen Termine frühzeitig und verbindlich abzusprechen. Oft kennen die Hundeführer sich untereinander und jagen auch gemeinsam als Gruppe auf den gleichen Jagden. Sie können bei frühzeitiger Anfrage ihre Jagdeinsätze koordinieren, womit letztlich allen gedient ist.

▸ Nachsuchengespanne

Nachsuchengespanne – und die braucht es bei der Bewegungsjagd – sind noch rarer als der vorstehend beschriebene Jäger mit dem Hund. Dies gilt besonders bei Terminüberschneidungen mit den Nachbarn! Bei großen Jagden ist es mit einem Nachsuchengespann meis-

Gute Hundeführer sind so rar wie gute Hunde: Wer sich zu spät darum kümmert, hat am Jagdtag das Nachsehen.

tens nicht getan, in Abhängigkeit von der Schützenzahl, deren Schießfertigkeit und der zu erwartenden Trefferquote sollte man mit mindestens zwei Nachsuchengespannen auf 50 Schützen rechnen.

Auch hier dient eine frühe Planung und Absprache mit den Jagdnachbarn dem weidgerechten und professionellen Ablauf einer Jagd. Seiner Verantwortung dem Wild gegenüber muss der Jagdleiter schon im frühen Planungsstadium nachkommen.

Stehen genügend Nachsuchenhunde zur Verfügung, können weniger komplizierte Nachsuchen und Totsuchen bei nur einem Treiben und rechtzeitigem Jagdbeginn bereits am gleichen Tag und mit gutem Licht erfolgreich zu Ende gebracht werden.

Diese Ausführungen zeigen, dass den Jägern mit dem Hund – seien es nun Hundeführer im Treiben oder Nachsuchengespanne – eine zentrale Bedeutung zukommt. Auf Treiber, die in klassischer Manier die Dickungen in Linie durchstreifen, kann bei entsprechender Planung dann verzichtet werden (s. Kapitel „Die Hunde sind das A und O – “).

▸ Beauftragte und Helfer – ohne sie geht es nicht

Eine Bewegungsjagd lässt sich weder alleine organisieren noch alleine praktisch durchführen. Neben den Hundegespannen, die bei entsprechender Ortskenntnis sinnvollerweise bereits im Anfangsstadium mit in die Jagdorganisation eingebunden werden, sind je nach Größe der Jagd zahlreiche weitere Helfer wichtig.

Wofür wird wer gebraucht? Aus dieser zentralen Frage ergeben sich Zahl und Funktion der mithelfenden Mannschaft. Verlässliche Helfer sind bei der Durchführung der Jagd aus einem Grund besonders wichtig: Der Jagdleiter muss bei der Durchführung der Jagd den Kopf frei haben! Wenn fallweise eine Jagdgesellschaft von 100 bis 150 Jägern bewegt wird, stellen sich immer wieder unvorhergesehene Ereignisse ein und müssen (richtige!) Entscheidungen getroffen werden.

Absolute Zuverlässigkeit und unbedingte Zusammenarbeit mit der Jagdleitung muss von allen Helfern gefordert werden – in besonders hohem Maße aber von den Gruppenführern, die die

Kontrollsuchen

„Nur eine Kontrollsuche“– ein fataler Gedanke! Gerade für „Kontrollsuchen“ ist das beste Nachsuchengespann eben gut genug! Jede angebliche Kontrollsuche ist zuallererst und unmissverständlich erst einmal eine Nachsuche und muss als solche angegangen werden. Unsicherheiten über Fehl- oder Krankschüsse werden erst mit der Nachsuche definitiv ausgeräumt. Bleibt es bei der Kontrolle – umso besser. Allzu oft aber wird die angebliche Kontrollsuche zur handfesten Nachsuche, da das im richtigen Erkennen der Pirschzeichen eher ungeübte Auge des hierin meist unerfahreneren Jägers die tatsächlich vorhandenen nur sehr schwierig zu erkennenden Anschusszeichen nicht sieht.
Kurz: auch Kontrollsuchen müssen ernst genommen werden und sind in ihrer Bedeutung zuerst einmal genauso einzustufen wie ganz offensichtliche Nachsuchen.

Standplatzschützen (mit und ohne Hund) anstellen.

Als Beauftragte der Jagdleitung übernehmen sie besonders wichtige Aufgaben: Sie weisen in den Stand ein, müssen dort noch einmal klare Vorgaben zum Schussfeld machen und stehen hier auch für Fragen der Schützen zur Verfügung. Damit hängt der sichere Jagdablauf in hohem Maße auch von ihnen ab. Abholen der Schützen, Bergen des Wildes sowie die gewissenhafte und penible Anschusskontrolle gehören ebenfalls zu ihren Aufgaben. Hieraus folgt, dass die anstellenden Gruppenführer nicht nur über detaillierte Ortskenntnis, sondern auch über Erfahrung in diesen jagdlichen Dingen verfügen – kurz, das Handwerk perfekt beherrschen müssen. Dieser Anspruch beschränkt die Zahl der Jäger, die hierfür in Frage kommen. Sie sollten grundsätzlich fähig sein, selbst eine Jagd zu organisieren und zu leiten.

▸ Die Jagdleitung entlasten

Wie groß die Gruppe weiterer Helfer ist und wie sie sich zusammensetzt, hängt von der Größe der Jagd und dem jagdlichen Rahmen ab. So können zur Entlastung des anstellenden Gruppenführers spezielle Trupps eingesetzt werden, die das Wild zügig bergen und versorgen. Das Aufbrechen, so es denn zentral organisiert ist, erfolgt grundsätzlich durch den Erleger. Es kann, vor allem bei hohem Wildanfall, aber auch von einer hierin versierten Person, ggf. einem Metzger durchgeführt werden. Dessen Professionalität und Geschick wird von Jägern selten erreicht. Wenn Proben für veterinärmedizinische Untersuchungen zu nehmen sind, müssen Veterinäre oder Helfer vorgesehen oder eigens zur Jagd bestellt werden.

Auch Essen und Getränke organisieren sich nicht von selbst!

Es empfiehlt sich, darüber hinaus auch einen Tierarzt zu der Jagd einzuladen, der sich bereit erklärt und entsprechend ausgerüstet ist, eine Erstversorgung von verletzten Hunden zu übernehmen.

Und auch das Drumherum, wie wärmende Feuer und das Austeilen von Essen und Getränken, wenn vorgesehen, geht ohne Helfer nicht.

Im Folgekapitel „Die Vorbereitung im Detail“ werden weitere Aspekte der Organisation aufgeführt und die Aufgaben der Hilfstruppe näher beschrieben. Wichtig ist, dass alle Beauftragten und Helfer die ihnen bei Planungsbesprechungen im Vorfeld und einer Schlussbesprechung kurz vor der Jagd zugeteilten Aufgaben am Jagtag eigenverantwortlich und zuverlässig ausführen. Nur so kann sichergestellt werden, dass die Jagdleitung sich nicht mit „Lappalien“ beschäftigen muss und sich voll und ganz auf den reibungslosen Ablauf der Jagd konzentrieren kann!

▸ Die Wildbretverwertung – Wildbrethygiene

Der Wildprethygiene kommt mittlerweile eine zunehmende Bedeutung zu. Anpassungen der rechtlichen Vorschriften auf europäischer Ebene sind hierfür mit ausschlaggebend. Der für die Jagd zuständige Organisator muss sowohl die Rechtslage als auch die fachlichen Belange der Wildbrethygiene berücksichtigen

Was bedeuten die bereits angesprochenen Rechtsvorschriften für die praktische Wildversorgung vom Aufbrechen bis hin zur Veräußerung?

Es sind im wesentlichen nur wenige Punkte, die berücksichtigt werden müssen. Auf ein möglichst zeitnahes Aufbrechen ist weiter oben bereits hingewiesen worden. Grundsätzlich sollte zwischen Erlegung und Aufbrechen nicht mehr als zwei bis drei Stunden vergehen.

Zum Auskühlen des Wildes eignet sich ein Gestell, an dem jenes bis zum Streckelegen aufgehängt werden kann (s. Foto S. 118). Auch hier muss früh klar sein, ob so eine Vorrichtung gebaut werden soll oder woher sie beschafft werden kann. Wasser in Trinkwasserqualität zum Reinigen des Wildes und der Hände muss vorgehalten werden. Auf einzelne Details der Wildversorgung wie Probennahmen etc. wird bei der Beschreibung im Kapitel „Der Jagdtag" näher eingegangen.

Die Wildbretverwertung kann unmittelbar ab Strecke erfolgen. Hierzu muss man aber neben einer Waage auch die veterinärmedizinischen Untersuchungen (Trichinenschau) eingeplant haben. Ein Fleischbeschauer oder Veterinär sollte so zum Ende der Jagd bestellt werden, dass er seine Proben zügig nehmen kann.

Ist mit größeren Mengen an Wild zu rechnen, empfiehlt es sich, rechtzeitig einen Wildbrethändler zu kontaktieren und über den Jagdtermin zu informieren, damit er entsprechend disponieren kann. Die Vermarktung der Strecke durch einen gewerblichen Wildbrethändler entbindet den Organisator von den Verpflichtungen zur Trichinenuntersuchung und weiteren fleischhygienerechtlichen Untersuchungen ((FlHG § 1 (1) und (3) i.V.m. FlHV § 4 (2)). Dieser organisatorische Vorteil kann als gewisser Ausgleich für den im Vergleich zur Direktvermarktung geringeren Preis gesehen werden.

Tipp

Wird aus organisatorischen oder tierseuchenrechtlichen Gründen zentral aufgebrochen, ist auf eine sachgerechte Entsorgung der Aufbrüche und Reinigung – ggf. Desinfektion – des Aufbruchplatzes zu achten. Es schadet dem Ansehen der Jäger zurecht, wenn Nichtjäger bei ihren Spaziergängen auf Schweißlachen oder gar Gescheidereste stoßen. Anhänger und Tonnen sollten zur Entsorgung des Aufbruchs bereitgehalten werden.

Ist am Aufbrechplatz mit Erholungssuchenden zu rechnen, schadet es nicht, den Platz selbst mit einem umlaufenden Gestell, das mit Fichtenzweigen o.ä. verblendet wird, ein wenig den Blicken zu entziehen.

Jeder, der eine Jagd verantwortlich leitet, muss über diese Zusammenhänge Bescheid wissen, denn Wildbret ist bei sachgerechter Behandlung ein qualitativ ausgesprochen hochwertiges und teures Lebensmittel, das durch unsachgemäße Behandlung nicht in Verruf geraten darf.

▸ Die Bläser – stimmungsvoller Rahmen

Die Bläser sind in die eigentliche Jagdorganisation nur am Rande eingebunden. Legt man aber Wert auf eine stimmungsvolle akustische Begleitung der Jagd, lohnt es sich, schon früh auch an die Bläser zu denken. Allzu schnell reduziert sich sonst die muskalische Untermalung am Jagdtag auf zwei oder drei Jagdhörner. Die Bläsertruppe kann sich auf freiwilliger Basis willkürlich aus den Schützen rekrutieren – falsche Scheu über angeblich mangelhaftes Können sollte man hier nicht gelten lassen. Legt man aber Wert auf einen wirklich musikalischen Rahmen, liegt es nahe, eine eingespielte Bläsergruppe zur Jagd einzuladen. Diese Bläsergruppen tragen meist auch beim Schüsseltreiben noch das ein oder andere Stück vor. Aber auch hier gilt: Gute Bläsercorps sind eher selten und während der herbstlichen Jagdsaison gerade an den Wochenenden zumeist ausgebucht.

Das An- und Abblasen ist bei Bewegungsjagden aufgrund der relativ großen Fläche oft nicht von allen zu hören und scheidet somit als zuverlässiges Signal für Beginn und Ende der Jagd aus. Hier muss immer nach der Uhr gejagt werden. Ein An- und Abblasen kann aus Gründen der jagdlichen Stimmung aber dennoch erfolgen.

Ein wesentlicherer Part hingegen kommt den Bläsern bei der Begrüßung und dem Verblasen der Strecke zu (mehr hierzu in Kap. „Der Jagdtag“).

Wünscht der Jagdleiter einen vollendeten musikalischen Rahmen, muss er frühzeitig daran denken, genügend Bläser einzuladen.

▸ Das Lokal – der gelungene Ausklang

Das Schüsseltreiben ist zwar ein nachrangiger Punkt, aber ein oft sehr angenehmer, und dauert mitunter länger als das eigentliche Jagen selbst. Und deshalb gehört es auch zu vorausschauenden Planung, sich rechtzeitig um ein geeignetes Lokal zu kümmern, wenn die Jagd dort ihren Ausklang finden soll.

In großen zusammenhängenden Waldgebieten ist die ortsnahe Auswahl eines geeigneten Lokals oder Restaurants zumeist beschränkt und der Andrang der Jagdgesellschaften groß. Größe und Art des Lokals hängen natürlich davon ab, wie sich der Gastgeber das „letzte Treiben“ vorstellt. Gesellschaftliche Aspekte bestimmen die Wahl des Lokals unter Umständen ebenso wie dessen Qualitäten hinsichtlich Küche oder freundlicher und zügiger Bedienung.

Die Vorbereitung im Detail

von Eberhard Eisenbarth

Die Jagdeinladung

Die bisherige Beschreibung der Kardinalpunkte der Planung galt dem Einstieg in die Materie, wobei die grundsätzlichen Ausführungen zur Vorplanung dem Organisator der Jagd die notwendigen Hintergrundinformationen für die nun folgende Darstellung der Detailplanung liefern sollten.

Sind die genannten Eckpunkte der Planung im Vorfeld klar und hinreichend strukturiert, kommt man nun im Verlauf der Zeit zur detaillierten Planung. Sie muss so gründlich durchgeführt werden, dass nach bestem Vermögen und Wissen nichts dem Zufall überlassen bleibt. Dies ist ein hoher Anspruch, aber überall dort, wo Waffen im Gebrauch sind, ist Sorgfalt und Disziplin oberstes Gebot.

Der Einfachheit halber orientiert sich das folgende Kapitel am zeitlichen Ablauf und beschreibt die detaillierte Planung in Form einer Zeitachse von der Terminierung der Jagd über Versand der Einladung bis zur Verwertung der Strecke.

▸ Festlegung der Jagdtermins

Es ist zweckmäßig, aber nicht unbedingt notwendig, schon bei den letzten Jagden im Vorjahr den Termin für das Folgejahr festzulegen. Oft sind die Jagdnachbarn und die Hundeführer aus der Region auf den gleichen Jagden, und man kann sich darüber unterhalten, wann es wem denn passen könnte.

In der Regel reicht es aus, sich im Frühjahr auf den Jagdtermin festzulegen. Um Terminüberschneidungen zu vermeiden, sollten die Jagdnachbarn spätestens jetzt mit einbezogen werden, vor allem, wenn man eine gemeinsame Jagd mit ihnen durchführen möchte. Das gleiche gilt für die Hundeführer – insbesondere dann, wenn man nicht nur einzelne Hundeführer, sondern zusammen jagende Hundeführergruppen – nicht mit zusammen jagenden Meuten zu verwechseln – einladen möchte. Hier genügt es meist, mit dem Obmann der Gruppe zu sprechen, da dieser die weitere Terminkoordinierung in der Truppe übernimmt und aufgrund der verlässlichen Zusagen der einzelnen Gruppenmitglieder dem Jagdleiter verbindliche Zusagen über die Jagdteilnahme machen kann.

Das gleiche gilt je nach der Größe der Jagd für 2 bis 3 Nachsuchengespanne. Diese Schweißhundeführer sollten vorinformiert werden, sodass sie – wenn sie nicht ohnehin noch eine schriftliche Einladung erhalten – sich terminlich entsprechend einrichten können.

Sind die Hunde- und Schweißhundeführer so vorinformiert, genügt es, deren schriftliche Einladungen erst zusammen mit den anderen Einladungen zu versenden. Entscheidend ist ein partnerschaftliches Vertrauensverhältnis zwischen Jagdleitung und Hundeführer, denn auf die mündliche Zusage beider Seiten muss selbstverständlich Verlass sein, sonst steht zumindest einer der beiden im Regen.

Richtet man zum ersten Mal eine Bewegungsjagd aus, sollte man sich frühzeitig nach geeigneten Helfer umsehen. Nur wer über ein bereits bewährtes und eingespieltes Team verfügt, kann sich mit diesem Punkt noch etwas Zeit lassen.

▸ Der Treffpunkt

Über einen geeigneten Treffpunkt sollte man sich nun auch schon Gedanken machen. Erste Voraussetzung für einen geeigneten Treffpunkt sind ausreichende Parkplätze für sämtliche Teilnehmer der Jagd. Ferner muss so geparkt werden können, dass ein Abrücken zur Jagd ohne Verzögerungen möglich ist. Im Idealfall sieht man hier einen Helfer vor, der die Gäste bei der Ankunft entsprechend einweist.

Da Bewegungsjagden im Herbst und Winter stattfinden, sollte man für den Treffpunkt sonnige Plätze bevorzugen oder aber darauf achten, dass bei frostigen Temperaturen ein wärmendes Feuer angelegt werden kann. Bietet sich ein Waldparkplatz als Treffpunkt an, muss die zuständige Forstbehörde informiert werden, wenn nicht der örtliche Revierbeamte sowieso zu der Jagd eingeladen wurde und teilnimmt.

Es spricht auch nichts dagegen, schon jetzt das Lokal, in dem das Schüsseltreiben stattfinden soll, zu reservieren und ebendort ein Kontingent an Zimmern für die geladenen Gäste mit weiter Anreise vorzubestellen. Auch das Bläsercorps, wenn gewünscht, sollte jetzt schon angefragt werden.

▸ Im Sommer: Verschicken der Einladungen

Das Versenden der Einladungen sollte nach den Sommerferien erfolgen. Das frühzeitige Verschicken der Einladungen ist aus den verschiedensten Gründen zweckmäßig. Gäste, die bereits wissen, dass sie an der Jagd nicht teilnehmen können, werden also rechtzeitig absagen, sodass der Jagdleiter die Möglichkeit hat, noch im Vorfeld „Ersatzgäste“ einzuladen, ohne dass der nachgeladene Gast sich ob der kurzfristigen Einladung als Notbehelf fühlen muss. Das gleiche gilt für Hundeführer, die nicht bereits im Vorfeld geordert wurden.

Zu früh dürfen die Einladungen aber auch nicht versandt werden, denn es kann nicht jeder seine Termine so weit voraus planen. Die Folge sind dann Zusagen, die relativ kurzfristig wieder zurückgenommen werden.

Das Verschicken der Einladungen nach den Sommerferien hat sich bewährt und erlaubt den Teilnehmern zumeist eine bessere Planung als vor der Urlaubszeit.

Der verbindliche Rückmeldeschluss sollte in der Einladung auf spätestens vier Wochen nach Erhalt gesetzt werden. So kann man mit verlässlicher Schützenzahl die zu besetzenden Stände planen und einrichten.

▶ Was gehört in die Einladung?

Neben den unverzichtbaren Mindestinformationen (s. Kasten) kann und sollte die Jagdeinladung eine Reihe weiterer Punkte enthalten, die dem Jagdgast nützen und der Jagdleitung die Organisation und Abwicklung des Jagdtages erleichtern.

Sinnvollerweise wird deshalb dem Einladungsschreiben ein *Rückmeldebogen* zur schriftlichen Zu- oder Absage beigefügt. Dieser Bogen sollte eine verbindliche vom Jagdteilnehmer zu unterschreibende Erklärung, dass er im Besitz eines gültigen Jagdscheines ist und diesen mit sich führen wird, beinhalten – wenngleich eine solche Erklärung natürlich nicht von der Jagdscheinkontrolle am Jagdtag entbindet.

Ob man der Einladung eine Sicherheitsbelehrung in Form von „Regularien" oder „Verhaltensregeln zur Jagd" beifügt, ist im Grunde reine Geschmackssache. Unabhängig davon ist in diesem Punkt das gesprochene Wort der Jagdleitung am Jagdtag entscheidend und verbindlich.

Mindestangaben der Jagdeinladung

- ☐ Jagdtermin
- ☐ Treffpunkt: Ort und Uhrzeit
- ☐ Bejagte Wildarten
- ☐ Verbindlicher Rückmelde-/Ausschlusstermin

Wird bei der Jagdansprache etwas vergessen oder hinzugefügt, kommt es evtl. zu Widersprüchen mit den Verhaltensregeln, die der Einladung beigelegt wurden. Zwar liest der Jagdteilnehmer die Regularien bei Empfang der Einladung meist, bis zur Jagd aber hat er sie vergessen oder erinnert sich nur noch unvollständig. Außerdem kann sich der Jagdleiter auch von der Pflicht zur Sicherheitsbelehrung am Jagdtag nicht durch entsprechende Hinweise in der Einladung entbinden. Ihr unterliegt die Jagdleitung gemäß UVV Jagd § 4 (2) zwingend, auch wenn diese Belehrung manchem Jagdteilnehmer zuweilen langatmig erscheinen mag.

Ist eine entsprechende Erklärung nicht im Rückmeldebogen enthalten, muss an anderer Stelle darauf hingewiesen werden, dass an der Jagd nur teilnehmen kann, wer im Besitz eines *gültigen Jagdscheines* ist und diesen mit sich führt und aus Gründen der Sicherheit während der Jagdausübung *Signalkleidung* gemäß Unfallverhütungsvorschrift trägt (UVV Jagd § 4 [12]).

Da zur Organisation der Jagd die genaue Zahl der Teilnehmer bekannt sein muss, wird darum gebeten, unbedingt auch Absagen mitzuteilen. Der verbindliche Rückmeldetermin ist dann mit dem ausdrücklichen Hinweis zu versehen, dass keine oder verspätet eingehende Antworten eine Teilnahme an der Jagd ausschließen.

ANMELDUNG

Absender

Name ....

Straße ....

PLZ/Wohnort ....

Telefon ....

Datum ....

An
Frau/Herrn/Forstamt Wildgrund
Im Thiergarten 5
98765 Wildtal
e-mail: wildgrund@cervus.com

FAX: 0123 - 1234589

An der Jagd am Dienstag, dem 03. November 2002, nehme ich

☐ teil
☐ nicht teil (bitte ankreuzen/streichen)

ggf. *mit*
☐ *Hund zum Stöbern auf Sauen, Rasse* ....
weitjagend / kurzjagend
☐ *Jagdhorn*

Ich erkläre hiermit, dass ich im Besitz eines gültigen Jagdscheines bin und diesen während der Jagdausübung am Dienstag, dem 03. November 2002, mit mir führen, die Verhaltensregeln und Hinweise der Jagdleitung sowie die Bestimmungen der Unfallverhütungsvorschriften „Jagd“ beachten werde.

Nummer des Jagdscheines: ....,

ausstellende Behörde: ....

Ich werde am **Schüsseltreiben**

☐ teilnehmen
☐ nicht teilnehmen. (wegen Vorbestellungen bitte ankreuzen/streichen)

Ich bitte um **Zimmerreservierung** im Hotel Schützenhof ....EZ ....DZ

....
(Unterschrift)

▸ Mindestkaliber, Hundeeinsatz und Gasttreiber

Will man untaugliche Kaliber bei der Jagd von vornherein ausschließen, muss dies dem Jagdgast natürlich frühzeitig mitgeteilt werden, indem man beispielsweise nur Geschossdurchmesser oberhalb 7 mm oder Geschossgewichte ab 11 Gramm zulässt. Ein weiterer Hinweis betrifft die *Hunde*. Wird der Hundeeinsatz gänzlich unabhängig von den Standschützen organisiert, weil man entweder nur mit bewährten Hunden arbeiten will oder schlechte Erfahrungen mit den Hunden des ein oder anderen Standschützen gemacht hat, empfiehlt sich der Hinweis, Hunde während des Treibens nicht mit an den Stand zu nehmen, denn der Hund am Standplatz stört in der Regel nur den Jagdbetrieb. Den notwendigen Gehorsam und Ruhe am Standplatz erbringen viele Hunde zwar noch auf den Prüfungen, nicht aber bei der praktischen Jagdausübung. Der Hund ohne Appell am Stand schmälert nur die Chancen seines Herrn und die der Standnachbarn.

Bis zum Ende oder während des gesamten Treibens – ist der Hund am Stand, muss er absolute Ruhe bewahren.

Tipp

Rückmeldungen auf die Jagdeinladung sollten nur schriftlich, also auf dem Postweg, per Telefax oder per E-Mail akzeptiert werden. Bei telefonische Rückmeldungen geht ab einer gewissen Größe der Jagdgesellschaft schnell die Übersicht verloren. Die ggf. gewünschte Erklärung über den Besitz und die Mitnahme eines gültigen Jagdscheines kann per Telefon außerdem ebenso wenig erfolgen, wie die übersichtliche Sammlung weiterer Informationen, die der Jagdgast aus jagdorganisatorischen Gründen liefern soll.

Sollen die Hunde der als Standschützen vorgesehenen Jagdgäste aber auch geschnallt werden, da sie in der Standumgebung gebraucht werden, sollte umgekehrt auch das in der Einladung ausgedrückt werden. Dann empfiehlt es sich, die Rasse und das Jagdverhalten des Hundes (weit jagend, kurz jagend) abzufragen.

Hierhin gehört auch ggf. der Hinweis, dass man auf Gasttreiber verzichten möchte. Dass bei der hier vorgestellten Jagdkonzeption im Allgemeinen keine Treiber notwendig sind, wurde bereits dargestellt. Grundsätzlich stellen Gasttreiber, die in der Regel keine Ortskenntnis haben, ein zusätzliches Gefährdungsrisiko dar.

▸ Zusatzinformationen für Gäste und Jagdleitung

Weitere Informationen für den Jagdgast in der Einladung können der Jagdleitung Rückfragen ersparen und sie damit entlasten. Liegt der Treffpunkt abseits öffentlicher Straßen oder gar mitten im Wald, empfiehlt es sich, die Einladung um eine *Wegebeschreibung* und eine *Anfahrtskizze* zu ergänzen.

Wird die Übernahme von Wildpret ausdrücklich gewünscht, so kann dies ebenfalls schon in der Einladung vermerkt und mit dem zusätzlichen Hinweis versehen werden, entsprechende Transportkapazitäten einzuplanen. Ob man über etwaige „Vereinbarungen" für den Fall eklatanter Fehlabschüsse (s. Kap. „Der Jagdtag") schon in der Einladung informiert, sei dahingestellt; es muss eigentlich genügen, dies bei der Begrüßung am Jagdtag anzusprechen.

Für Hinweise zur Verpflegung während des Jagdtages sind die Teilnehmer zumeist dankbar. Wird auf die „Verpflegung aus dem Rucksack" oder eine ggf. gereichte Suppe in der Einladung hingewiesen, kann jeder sich individuell darauf einrichten.

Nützlich sind Hinweise zur Zahl der Treiben und eine Empfehlung zu Bekleidungswahl und Sitzgelegenheiten.

Kennt das Lokal, in dem das Schüsseltreiben stattfinden soll, im Voraus die ungefähre Zahl der zu erwartenden Gäste, kann die Bewirtung entsprechend optimiert werden – das wissen Jäger und Jägerinnen nach einem anstrengenden Jagdtag in der Regel zu schätzen. Wird in der Einladung schon nach der Teilnahme am Schüsseltreiben gefragt, gewinnt man hier schon frühzeitig einen guten Überblick.

Für eine so große Jagdgesellschaft muss am Treffpunkt ausreichend Parkraum zur Verfügung stehen, soll der Tag nicht schon mit einem Chaos beginnen.

Sind Bläser aus dem Kreise der Jagdteilnehmer erwünscht, gehört ein entsprechender Hinweis in die Einladung. Wer hier auf Nummer sicher gehen will, fragt in der Rückmeldung auch diesen Punkt ab.

Zweckmäßigerweise führt man über die Jagdgäste eine Adressliste. Neben Anschrift, Telefonnummer usw. kann sie auch nützliche Zusatzinformationen enthalten, wie beispielsweise die Trefferquote des Schützen, seine Fähigkeiten als Jagdhornbläser, Verdienste im Jagdhundewesen und vieles mehr – dem pla-

Tipp

Gäste mit weiter Anreise und Übernachtungsbedarf sind in der Regel dankbar, wenn sie in der Einladung die Anschriften von Pensionen und Hotels mitgeteilt bekommen – ideal ist es, wenn das Lokal, in dem das Schüsseltreiben stattfindet, auch Übernachtungsmöglichkeiten bietet. Etwaige Reservierungswünsche können ebenfalls schon über die Rückmeldung eingeholt werden.

nerischen Perfektionismus sind hier keine Grenzen gesetzt. Eine qualitative Bewertung der Hundführer und ihrer Hunde ist in dieser Form ebenfalls vorstellbar und sinnvoll, um die Hunde auch nach einem Jahr noch richtig einschätzen und dann optimal einsetzen zu können.

Der Herbst ist da

Die nun folgenden Planungsschritte können mehr oder weniger gleichzeitig angegangen werden. Die hier vorgeschlagene Reihenfolge zur Erledigung des umfangreichen Aufgabenpensums ist auch anders möglich, die einzelnen Aufgaben sind mehr oder weniger gleichrangig nebeneinander zu sehen. Die Abfolge ihrer Erledigung bleibt der Jagdorganisation überlassen.

Wo steht das Wild, wo genau soll die Jagd stattfinden? Bei der Detailplanung muss die exakte Abgrenzung erfolgen.

Ob der Jagdleiter an dieser Stelle einzelne Planungsschritte delegiert oder seine Verantwortung lieber selbst wahrnimmt, muss er entscheiden. Überträgt er allerdings Aufgaben in der konkreten Planungsphase auf andere, hat er jedoch in jedem Fall zu kontrollieren, dass die Aufgaben absprachegemäß und planungskonform erledigt wurden. Zu sehr hängt der Erfolg einer Bewegungsjagd und vor allem ihr störungs- und unfallfreier Ablauf von einer gewissenhaften Planung und deren Umsetzung ab, als dass der verantwortliche Jagdleiter hier Schlampereien und Nachlässigkeiten riskieren könnte.

▸ Festlegung des Jagdgebietes

Wie im vorangegangenen Kapitel ausgeführt, muss man natürlich schon im ersten Planungsstadium eine grobe Vorstellung über das zu bejagende Gebiet und dessen Größe haben, wenn aufgrund der Reviergröße entsprechende Auswahlmöglichkeiten zur Verfügung stehen. Denn daran orientieren sich der ungefähre Bedarf an Schützen und entsprechend die Zahl der Einladungen.

Anfang Oktober kann unter Berücksichtigung des zu erwartenden Einstandsverhaltens (Stichwort Masten) das Jagdgebiet nun endgültig festgelegt werden.

▸ Bestätigen des Wildbestandes

Der Wildstand kann aufgrund der spätsommerlichen Ansitze und gelegentlichen Abfährtens schon halbwegs beurteilt werden. Wenige Wochen vor der Jagd aber muss die Ansitzjagd in dem für die Bewegungsjagd vorgesehenen Jagdgebiet stark eingeschränkt oder gänzlich unterlassen werden. Störungen durch die Wittrung des Menschen tragen nicht dazu bei, dass das Wild sich sicher fühlt. Eine solche Reduktion des Jagddruckes wird am Jagdtag honoriert.

Jagdgäste und Mitpächter sind hier selbstverständlich mit in die Verantwortung zu nehmen.

Die Wildbestätigung darf nun möglichst nur noch durch Abfährten erfolgen. Dies geschieht sinnvollerweise sparsam und möglichst in der Mittagszeit oder am frühen Nachmittag, wenn das Wild fest in den Einständen liegt. Da demjenigen, der diese Aufgabe übernimmt, die Wechsel bekannt sein müssen, und insgesamt eine gute Revierkenntnis hierfür Vorsausetzung ist, ist das Abfährten Aufgabe der Jäger, die mit dem Jagdgebiet vertraut sind, oder der Jagdleitung selbst.

Da die Organisation und Durchführung einer Bewegungsjagd mit einem erheblichen Aufwand verbunden ist und wenn man darüber hinaus auch noch einen nennenswerten Teil der Jahresstrecke über diese Jagdmethode erlegen möchte, versucht man mancherorts, das Wild durch spezielle Kirrungen im Vorfeld vorübergehend an das Jagdgebiet zu binden. Das ist freilich nicht nach jedermanns Geschmack! Die Entscheidung hierzu muss jeder Jagdleiter aus der Situation des Reviers heraus und unter Würdigung des Wildbestandes, der Jagdmethode und seiner persönlichen Zielsetzung unter Berücksichtigung der landesrechtlichen Vorschriften selber treffen.

In Eichen- und Buchenmastjahren ist ein solches Vorgehen ohnehin nicht sehr erfolgversprechend, da das Wild nach dem Mastfall Kirrungen gar nicht oder nur verhalten annimmt. In einem solchen Falle ist es besser, die Jagd dort durchzuführen, wo das Wild dann seine Einstände bezogen hat.

Die Auswahl der Schützenstände

Der Auswahl der Schützenstände kommt bei der Bewegungsjagd eine ganz besondere Sorgfalt zu. Hier gelten zuvorderst zwei Gebote: Erstens darf mit der Auswahl des Standplatzes keinerlei Gefährdungsrisiko verbunden sein. Weder der Schütze darf gefährdet werden, noch darf er selbst jemand anderen gefährden! Der Stand muss also so gewählt werden, dass im Bereich eines vernünftigen Schussfeldes vorbeiwechselndes Wild in jedem Falle mit sicherem Kugelfang zu erlegen ist, idealerweise sogar ohne Gefahr nach allen Seiten geschossen werden kann.

An zweiter Stelle folgt der Grundsatz, dass der Standplatz so attraktiv und erfolgversprechend ausgewählt werden muss, dass man am liebsten selbst dort stünde.

Zu den grundsätzlichen jagdstrategischen Gesichtspunkten, nach welchen Kriterien ein Stand ausgewählt werden

Tipp

Zu hohe Drückjagdeinrichtungen haben Nachteile! Zum einen lässt sich Wild und insbesondere Schwarzwild aus einem sehr schrägen Betrachtungswinkel schlechter ansprechen als aus der Horizontalen. Sauen werden von zu hohen Ständen in der Regel zu gering eingeschätzt, was dann zu Fehlabschüssen führen kann. Auch ein angepasstes Mitschwingen ist bei schräg nach unten gerichtetem Winkel nicht so gut möglich wie bei einem Stand auf gleicher Höhe mit dem Wild.

Drückjagdsitze erhöhen die Sicherheit, zu hoch aber sollten sie nicht sein. Wichtig ist, dass sie ein ungehindertes Mitfahren erlauben.

sollte, sind eingangs dieses Kapitels bereits Ausführungen gemacht worden. An dieser Stelle soll auf eine detaillierte Beschreibung des Platzes an sich eingegangen werden.

Erhöhte Schützenstände

Zuerst stellt sich die Frage, ob der Standplatz mit oder ohne bauliche Einrichtung, also erhöhtem Stand oder Schirm, ausgestattet wird. In schwach geneigtem und ebenem Gelände haben Ansitzstände, die oberhalb der Gürtellinie ein freies Schwingen mit der Büchse ermöglichen, große Vorteile. An erster Stelle ist hier der bessere Kugelfang durch den steileren Schussabgabewinkel zu nennen.

Da zu hohe Drückjagdeinrichtungen unvorteilhaft sind, reicht es in der Regel aus, wenn sich der Standplatz des Schützen zwischen anderthalb bis maximal zwei Metern über dem Boden befindet. Für lang andauernde Bewegungsjagden ist auf dem Gestell eine Sitzgelegenheit einzurichten. Ist eine Schussabgabe rundum möglich, sollte dieser Sitz mobil sein, z.B. ein einfaches Brett, das beliebig auf in Sitzhöhe rundum angenagelte Querhölzer gelegt werden kann. So kann man seine Sitzposition nach vier Richtungen ausrichten. Ein loses Brett kann zudem senkrecht hinter eines der Querhölzer gestellt und so vor Nässe geschützt werden.

Wird das Brett nicht festgenagelt, kann man sich bei entsprechend gewähltem Abstand zur Brüstung mit dem Rücken anlehnen, und wird die Brüstung in 0,8 bis 1,2 Meter Höhe umlaufend angebracht, kann von ihr aus im Sitzen auch aufgelegt geschossen werden. Die Brüstung sollte mit Brettern, Rundhölzern oder zumindest Reisig verblendet werden, damit das Wild Bewegungen des Schützen nicht wahrnimmt. Gerade bei Rotwild – welches bekanntlich hervorragend äugt und erkennen

Wo sie vorhanden sind und „strategisch" passen, sind Erdhügel geeignete Standplätze und allemal besser als geschlossene Kanzeln.

kann – ist diese Bauart sinnvoll. Bauliche Einrichtungen sollten spätestens vier Wochen vor der Jagd auf ihre Verkehrssicherheit hin überprüft werden, Reparaturen können zu diesem Zeitpunkt noch ohne größere Störungen erledigt werden.

Geeignete Stände sind auch kleine Erdhügel, die z. B. im Rahmen von Wegebaumaßnahmen kostengünstig erstellt werden können. Die Auswahl solcher Hügel als Standplatz ist natürlich oder durch bauliche Maßnahmen vorgegeben und auf die jeweiligen Revierverhältnisse abzustellen. An steilen Hängen ist zusätzliche Standhöhe oft kein Kriterium: Als Sichtschutz reicht in solchen Fällen dann ein einfacher Erdschirm (s. Foto S. 76).

Stände im Hang

Dass möglichst alle Stände in der Nähe von Wildwechseln vorgesehen werden, wurde zuvor schon erläutert. Wo ist nun der günstigste Standplatz in Abhängigkeit von Gelände- und Bestandesausformung zu platzieren? Bei Wechseln im Hang ist es oft zweckmäßig, den Standplatz von oben anlaufen zu können, da dies zum einen schneller und meist auch geräuschloser geht als das mühsamere Angehen des Standes bergauf. Dieser Gesichtspunkt erscheint erwähnenswert, da auf leises Angehen der Standplätze allergrößter Wert gelegt werden muss. Ein hangabwärts, z.B. in einen Hangeinschnitt oder eine Mulde gerichtetes Schussfeld hat den großen Vorteil, dass ein Kugelfang gerade bei Standplätzen am Unterhang durch die häufig konkave Geländeform meistens vorhanden ist. Bei einer solchen Topographie ist das Wild oft auch länger sichtbar und kann ggf. mehrfach beschossen werden.

Kugelfang und Übersicht – so kann der Blick von einem guten Schützenstand aussehen.

Ein Schussfeld nach oben erlaubt nur kürzere Schussbereiche, da die Gefahr, unbeabsichtigt über den Horizont zu schießen, stets gegeben ist. Dass hangoberseits gelegene Standplätze grundsätzlich besser seien, weil das Wild bevorzugt hangaufwärts flüchtet, stimmt nicht grundsätzlich, auch wenn diese Auffassung gern geäußert wird. Vorzugsweise flüchten die meisten Wildarten eher hangparallel, denn dies ist am Hang die energieschonendste Fortbewegung – dies zeigen im Übrigen auch die Ziehwechsel. Bei jäher Flucht lässt sich die Fluchtrichtung allerdings nicht immer voraussagen. Eine detaillierte Revierkenntnis und das Wissen über den Verlauf der Wechsel sind sicherlich wertvoller für die Auswahl eines erfolgreichen Standplatzes als pauschale „Mutmaßungen".

Die Windrichtung ist stets von den kleinstandörtlichen Verhältnissen abhängig und muss bei der Standplatzauswahl in jedem Fall mitberücksichtigt werden.

Für die Auswahl von Standplätzen weniger geeignet sind Kuppen, Geländerippen und konvex gewölbte Hänge (Hangoberseiten). Aus Sicherheitsaspekten sind diese Geländeformen abzulehnen, ist ihnen allen doch gemeinsam, dass sie nur über sehr kurze Schussbereiche und zumeist keinen sicheren Kugelfang verfügen.

Äsungsflächen, Kahlschläge, niedrige Kulturen sowie Schneisen und Dickungsränder sind aufgrund des Fluchtverhaltens und der Raumnutzung des Wildes ebenfalls ungeeignet. Entweder flüchtet das Wild überhaupt nicht über diese Freiflächen oder es ist extrem schnell, was gerade für Schneisen und Dickungsränder gilt.

Tipp

Übersichtliche Stände sind nicht nur erfolgversprechender als solche direkt am Einstand, sondern auch ungefährlicher. Im Moment der Schussabgabe konzentriert sich der Schütze in der Regel nur noch auf das unmittelbare Geschehen und das Wild. In diesem Moment kann er nicht gleichzeitig das Schussfeld erst noch eingehend sondieren – das muss er bereits vorher getan, er muss es nach Beziehen des Standes quasi „auswendig gelernt" und im Unterbewusstsein verankert haben. Er kann sich das Schussfeld mit Hilfe markanter Gelände- oder Vegetationsmerkmale gliedern, einprägen und sollte eine Sicherheitspufferzone mitberücksichtigen. Nichts ist fataler, als dass bei Ansprache und Schussabgabe Zweifel über das korrekte Einhalten des zulässigen Schussbereichs aufkommen!

▸ Gute Standplätze

Günstig sind Standplätze in Stangen, Baum-, und Althölzern sowie in deren Rand- und Übergangsbereichen. Wild flüchtet meist vom Hellen ins Dunkle und nutzt bevorzugt Deckungsränder zum Entkommen. Ein Standplatz im Bestand bietet dem Jäger allein schon durch die Lichtverhältnisse eine wesentlich bessere „Deckung" als die Freifläche mit hellem Hintergrund, sodass Wild seine Bewegungen schlechter wahrnimmt. Außerdem kann der Schütze das Anwechseln des Wildes im Bestand besser beobachten, als dies von der Freifläche aus in den Bestand hinein möglich ist.

Befindet sich ein Einstand in der Nähe des vorgesehenen Standplatzes, muss man von ihm ein gehöriges Stück abrücken – je nach Geländebeschaffenheit mehrere hundert Meter. Nirgends ist das Wild schneller als am Dickungsrand, wenn es aus der schützenden Dunkelheit und Dichte des Einstandes hinaus ins Freie und Helle flüchten muss. Wird außerhalb des Einstandes keine Gefahr wahrgenommen, fällt das Wild oft alsbald wieder in eine langsamere Gangart und kann dann sicherer angesprochen und beschossen werden.

▸ Standplatzgestaltung

In gefahrengeneigten Bereichen ist es nahezu unverzichtbar, an den Schützenständen das zulässige Schussfeld durch z.B. Farbstriche an Bäumen oder einfache Pflöcke klar zu markieren.

Ist dies geschehen, kann ein Schütze, der keine persönliche Einweisung des Gruppenführers braucht, weil er zum wiederholten Male auf diesem Standplatz steht und die örtlichen Verhältnisse genau kennt, ggf. auch allein auf seinen Stand geschickt werden. Eine Markierung der Schussfelder empfiehlt sich aber auch dann, wenn zu wenige Helfer vorhanden sind und nicht jeder einzelne Gast an seinem Standplatz persönlich eingewiesen werden kann. Dass ist aber allenfalls unter einfachen Verhältnissen und bei eindeutig definiertem Schussfeld zu vertreten!

Den Schussbereich zu optimieren, indem man Zweige, Kronen und Schlagabraum zurückschneidet oder entfernt, hängt nicht zuletzt auch davon ab, wieviel Aufwand zu betreiben man bereit ist. Entschließt man sich hierzu, muss dies aber früh und darf nicht so geschehen, dass das Wild die gewohnte Deckung vermisst! Weniger ist hier oftmals mehr. Zweckmäßig ist sicherlich die Anlage eines Pirschpfades zum Standplatz – zumal wenn dieser auch während des Jahres beispielsweise bei der Blattjagd, der Hirschbrunft oder nur im Rahmen der Pirsch genutzt wird. Für ein ruhiges und möglichst geräuschloses Beziehen der Standplätze kann so die Jagdorganisation das ihre beitragen.

Neben einer unmissverständlichen Kennzeichnung des exakten Standplatzes selbst ist es sinnvoll, auch den Zuweg zu dem Standplatz zu kennzeichnen, zumal wenn kein Pirschpfad angelegt wurde. Hierfür haben sich signalfarbene Papier- oder umweltfreundliche Kunststoffmarkierbänder, wie sie im Forstgerätehandel üblich sind, bewährt.

Der Schützenstand muss unmissverständlich markiert sein. Hierbei kann eine fortlaufende Nummerierung sinnvoll sein.

An Zweigen befestigt, sind diese nach der Jagd leicht wieder zu entfernen.

Dauerhafte Markierungen an Bäumen dürfen nur mit Erlaubnis des Waldbesitzers angebracht werden. Die Markierung des Zuwegs zum Standplatz sollte sich farblich deutlich von der Markierung des Standplatzes selbst unterscheiden, damit es nicht zu Unklarheiten über dessen Lage kommen kann.

Zur Markierung der Standplätze selbst bietet sich eine interne fortlaufende Nummerierung an – die Nummer kann, muss aber nicht an dem Standplatz stehen, da die Zuordnung aus Karte und Liste ersichtlich ist. Über die Zuordnung der Namen zu der Standplatznummer weiß die Jagdleitung ganz genau, wer wo steht.

Wird ein Standplatz aufgrund eigener Erfahrungen oder der Auswertung der weiter unten beschriebenen Standplatzformulare in die nähere Umgebung verlegt, lassen sich solche Aktualisierungen durch Hinzufügen eines Buchstabens dokumentieren – Stand 66 wird dann nach Verlegung zu 66 a, später eventuell zu 66 b etc. Dieses Vorgehen empfiehlt sich bei einer dauerhaften Markierungen der Standplätze oder aber dann, wenn man weitere Schützen in diesem Bereich abstellen und einen lokalen Schwerpunkt bilden möchte, sofern dies der Sicherheitsaspekt gestattet.

Ob ein Standplatz zusätzlich mit Standplatz- und Folgebruch bezeichnet wird, bleibt dem persönlichen Geschmack und der Einstellung der Jagdleitung dem Brauchtum gegenüber überlassen. Sich auf die traditionellen Brüche allein zu verlassen, reicht heute sicherlich nicht mehr aus, denn dafür werden sie in der Jagdausbildung zu wenig gelehrt und zudem von den meisten Jägern auch nicht so sicher beherrscht, als dass sich die Jagdleitung zuverlässig auf sicheres Erkennen und richtige Interpretation verlassen könnte. Der Folgebruch ist bei dem hier vorgestellten Jagdkonzept ohnehin entbehrlich, da die Schützen von den Gruppenführern auf dem Standplatz abgeholt werden.

Die Einteilung der Schützen

Liegen die Rückmeldungen der eingeladenen Jagdteilnehmer vor, kann an die Verteilung der Standplätze gegangen werden. Bei Absagen genügen die verbleibenden vier Wochen, um jetzt noch weitere Schützen einzuladen. Auf jeden Fall sollte man versuchen, alle Standplätze zu besetzen.

Tipp

Ein wesentliches Ziel der Bewegungsjagd ist, an einem Tag eine möglichst hohe Strecke zu erzielen. Überlässt man die besten Stände weniger routinierten Jägern, wird dieses Ziel konterkariert. Genauso wie das fachliche Können im Berufsleben oder persönliche Merkmale, so streuen auch die jagdlichen Fähigkeiten. Sprechen zwingende persönliche oder geschäftliche Interessen des Jagdherrn nicht für die konkrete Bevorzugung eines Jagdgastes, sollte man stets streng nach fachlichen Kriterien und jagdlichem Können entscheiden.

▶ Schützen und Standnummern

Die Zusammenstellung der Jagdgäste in Listen hat sich als praktisch erwiesen. Bei einer großen Zahl von Jagdteilnehmern empfiehlt sich aus Gründen der Übersicht für jede Jagd eine alphabethische Namensliste. Hier lässt sich nachsehen, ob, wie und wann auf die Einladung geantwortet wurde, ob Jagdhorn und Hund mitgebracht werden, ob am Schüsseltreiben teilgenommen wird oder ob eine Zimmerreservierung gewünscht wird. Diese Liste kann in tabellarischer Form all diejenigen Punkte enthalten, die mit dem Anmeldeformular abgefragt wurden.

Für die Planung wichtiger ist eine Zusammenstellung über die Verteilung der Schützen auf die Stände. Den Standnummern werden die Schützen namentlich zugeordnet. Hierdurch hat man eine sehr gutes Kontrollinstrument, um sicher zu stellen, dass jeder Schütze auf den Stand kommt, auf dem man ihn auch haben möchte. Hier sollte man nichts dem Zufall überlassen: Losverfahren wirken nach außen so, als hätte jeder gleich gute Chancen – nur macht nun einmal nicht jeder das gleiche aus diesen Chancen. Es hat sich bewährt, „Leistungsträger“ auf bestimmte Stände zu stellen. Hiermit sind hervorragende Schützen gemeint, Jäger, die das Wild rasch und vor allem sicher und korrekt ansprechen und es verstehen, dieses dann auch noch sauber zu erlegen.

▸ Anstellgruppen und Fahrgemeinschaften

In einem nächsten Schritt werden die Schützen bzw. Standnummern zu Anstellgruppen zusammengefasst. Diese Zusammenfassung richtet sich nach der Zahl der anstellenden Gruppenführer sowie nach praktischen Gesichtspunkten wie dem raschen Ablauf des Anstellens und einer zweckmäßigen Anfahrt. Generelle Regeln gibt es hier nicht – die Zahl der Anstellgruppen richtet sich vor allem nach den konkreten örtlichen Gegebenheiten. Kleine Anstellgruppen – mehr als 10 Personen sollten sie möglichst nicht umfassen – können zügig vom Sammelplatz aus in Fahrgemeinschaften abrücken. Fahrgemeinschaften sind nicht nur umweltfreundlich, sondern haben sich vor allem bei längeren Fahrten über öffentliche Straßen bewährt, auf denen sich große Konvois einer ganzen Jagdgesellschaft nur schwer zusammenhalten lassen, ohne dass jemand den Anschluss verliert. Auch bei schlechten Wegeverhältnissen und fehlenden Wendemöglichkeiten sind weniger Autos im Wald von Vorteil. Die Jagdteilnehmer sollten sich unter solchen Bedingungen aber auf geländegängige, in der Regel allradbetriebenen Fahrzeuge verteilen. Die Abstellplätze müssen so gewählt werden, dass die Wege frei bleiben und jederzeit andere Fahrzeuge leicht vorbeifahren können.

Wenn es die Witterung erfordert, verteilen sich Fahrgemeinschaften am besten auf allradgetriebene Fahrzeuge.

Karten und nützliche Formulare

Für die Planung und Durchführung einer Bewegungsjagd sind Landkarten ein unentbehrliches Hilfsmittel. Diese Landkarten können als Planungskarten neben den Standplätzen der Schützen und Hundeführer weitere Informationen wie Park- und Wendeplätze für Autos, aber auch Angaben zur Jagdstrategie enthalten (s. unten).

▸ Jagdgebietskarte

Wegen der hohen Auflösung und der geforderten Genauigkeit der Informationen, die in die Karte übertragen werden – wie z.B. das exakte Einzeichnen der Standplätze und Beunruhigungsbereiche – sind topographische Karten mit einem kleineren Maßstab als 1:25.000 für eine Jagdgebietskarte ungeeignet.

Selbst Karten im Maßstab 1:25.000 sind eigentlich nur in vergrößerter Form eine halbwegs brauchbare Grundlage. Per Vergrößerungsfunktion eines Kopiergeräts daraus erstellte größere Maßstäbe sind für Bemaßungen in der Regel nicht mehr brauchbar bzw. geben andere, zumeist verzerrte Maßstäbe wieder. Darüber hinaus enthalten sie trotz Vergrößerung ja nicht mehr, einem größeren Maßstab entsprechende Geländeinformationen

▸ Forstliche Betriebskarten

Wesentlich geeigneter sind daher forstliche Betriebskarten im Maßstab 1 : 10.000. Ob als Luftbild oder als mit der Topographie unterlegte Wirtschaftskarte sind diese Karten sehr detailtreu und enthalten vor allem für die Jagd wichtige Informationen über den Wald. So können beispielsweise die Hundeführer der Karte wichtige Angaben über die Waldbestände in ihren Beunruhigungsbereichen entnehmen, wie Größe und Form einer Dickung, Altersangaben, Bestandesverschiedenheitsgrenzen und Hinweise zur Geländeausformung. Der Maßstab 1 : 10.000 gestattet darüber hinaus ein sehr genaues Einschätzen der Entfernung, denn 100 Meter in der Natur entsprechen 1 Zentimeter in der Karte, was für die Entfernungsbeurteilung im Bereich von Standplätzen wichtig ist. Die forstlichen Betriebskarten unterscheiden sich in ihrem Informationsgehalt daher auch grundlegend von den kleinmaßstäblicheren topographischen Karten der Landesvermessungsämter und kommerzieller Verlage, die für die eigentliche Jagd überflüssige Informationen wie touristische Besonderheiten enthalten, denen aber für die Jagddurchführung notwendige Informationen über die Waldbestände fehlen. Soweit erforderlich, wird die kartographische Darstellung der Jagd in den nachfolgenden Ab-schnitten zu den Standplätzen, den Hundeführern und den Beunruhigungsbereichen jeweils vertieft. Die im vorhergehenden Kapitel auf S. 58/59 abgebildete Karte gibt dies für eine großräumi- ge Bewegungsjagd mit vielen Schützen unter anspruchsvollen Geländebedingungen wieder. Die Karte verdeutlicht auch das bereits vorgestellte Konzept der Schützenverteilung auf der Fläche.

▸ Unterlagen für die Schützen

Nachfolgend soll nun auf die Aufzeichnungsunterlagen für die Schützen

Nützliche Unterlagen für die Bewegungsjagd

- ☐ Jagdgebietskarte im Maßstab 1:10.000 (optimal sind Forstliche Betriebskarten)
- ☐ Standplatzkarte für Standplatzschützen (Kartenausschnitt)
- ☐ Standplatzformular
- ☐ Schussmeldebogen
- ☐ Kartenausschnitte über die Beunruhigungsbereiche der Hundeführer

eingegangen werden. Diese erhalten für den Standplatz zwei Papiere:

Das ist einmal eine Standplatzkarte in Form einer Skizze, eines topographischen Kartenausschnittes oder des Ausschnittes einer Forstkarte, aus der u.a. die Lage des eigenen und der benachbarten Standplätze ersichtlich sind, und zum anderen ein Standplatzformular, in das Aufzeichnungen über alle abgegebenen Schüsse und Wildbeobachtungen eingetragen werden. Da der Begriff Standplatzkarte in der Praxis vielfach sowohl für das Meldeformular wie auch für den Landkartenausschnitt Verwendung findet, wird aus Gründen einer klaren Sprachregelung im folgenden von der Standplatzkarte im Sinne einer Landkarte oder Planskizze gesprochen, von dem Standplatzformular im Sinne eines Meldebogens, eines Beobachtungs- und Vermerkformulars.

▸ Standplatzkarten

Standplatzkarten geben einen Überblick über das Jagdgebiet und zeigen dem Standplatzschützen den je nach Kartenausschnitt weiteren oder näheren Bereich des Treibens. Durch die eingezeichneten Standplätze hat er eine Orientierung, in welcher Richtung weitere Schützen stehen. Die Karte gibt nicht nur Sicherheit bei der Beurteilung und Eingrenzug des eigenen Schussbereiches, sie ermöglicht auch in Notsituationen, wie sie durch Unfälle immer entstehen können, eine bessere Kontaktaufnahme mit den Nachbarn, als dies bei einer rein verbalen Beschreibung deren Standplätze durch den Ansteller möglich ist. Wildbeobachtungen und dessen Zieh- oder Fluchtrichtungen können in die Karten unmittelbar eingezeichnet werden und ergänzen damit sinnvoll die Angaben auf dem nachfolgend beschriebenen Standplatzformular. Bei dessen Auswertung können die ergänzenden Vermerke in den Standplatzkarten wertvolle Hinweise zur Optimierung der Planung nachfolgender Jagden sein.

▸ Standplatzformulare

Diese Formulare sind bei Bewegungsjagden üblich und weit verbreitet. Sie dienen zum einen dazu, sich einen Überblick über das jagdliche Geschehen auf der gesamten Fläche zu verschaffen, zum anderen können später über die Auswertung der Standplatzformulare (s. Service S. 138) Jagdablauf und Jagdstrategie künftiger Jagden weiter verbessert werden.

Welche Informationen sollten nun in solche Standplatzformulare aufgenommen werden? Am wichtigsten sind neben Name und Standplatznummer des Schützen die Angabe sämtlicher von

Tipp

Als Standplatzformulare haben sich handelsübliche Karteikarten im DIN-A-5-Format bewährt: Ihr fester Karton hält Regentropfen und Schneeflocken vergleichsweise lange stand und passt zusammengefaltet in jede Hemdtasche. Wird die Rückseite sinnvollerweise für die oben beschriebene Standplatzskizze oder Kartenausschnitt genutzt, finden beide Unterlagen auf einer Karte Platz und liefern später Jagleitung oder Nachsuchenführer einen raschen Überblick über das Geschehen am Stand.

ihm abgegebenen Schüsse. Ein wichtiges Kriterium bei der Klärung von Schüssen und zur Erfassung des jagdlichen Geschehens ist die Uhrzeit. Neben der Uhrzeit sind darüber hinaus aber noch eine Reihe weiterer Informationen sinnvoll. Für Rückfragen beim Ansteller ist dessen Name bzw. die Gruppennummer einzutragen. Ferner sollten neben den Aufzeichnungen zu Schüssen Beobachtungen von Wild unter Angabe von Wildart, Alter, Geschlecht und Anzahl notiert und auch Hinweise zu Anwechsel- und Fluchtrichtung aufgenommen werden können. Es dürfen andererseits nicht zu viele Details abgefragt werden – der Standplatzschütze soll schließlich keinen jagdlichen Erlebnisaufsatz schreiben. Werden zu viele Kriterien abgefragt, führt das nur zu Unschärfen und verminderter Aussagekraft. Besonders bei reichlichem Wildvorkommen und turbulentem Jagdablauf ist mancher Schütze schnell überfordert, vor allem, wenn er nicht gleich dazu kommt, seine Beobachtungen und Informationen einzutragen.

Auf das Standplatzformular gehören immer auch die Namen und Telefonnummern der diensthabenden Tierärzte, damit der Jäger mit Hund am Stand im Notfall sofort handeln kann.

Die Auswertung der Standplatzkarten und -formulare dient der möglichen Rekonstruktion der Flucht beschossenen Wildes (sehr wichtig für Nachsuchen) und der Optimierung nachfolgender Jagden. Das Ergebnis einer solchen Auswertung, die sinnvollerweise auch anhand einer geeigneten Karte erfolgen und in eine kartographischen Darstellung münden sollte, kann von der – oft nur geringfügigen – Korrektur von Standplätzen bis hin zur Umorganisation der Beunruhigungsbereiche und der Umsteuerung des Hundeführereinsatzes reichen.

▸ Schussmeldebogen

Da die Standplatzformulare bei einer größeren Jagd nicht unmittelbar nach dem Treiben ausgewertet werden können, ihre Informationen für Nachsuchen aber oft rasch benötigt werden und um überhaupt alle Informationen über sämtliche Schüsse zusammenzuführen, ist es sinnvoll, diese Informationen über abgegebene Schüsse durch den Gruppenführer in einem Schussmeldebogen (s. Service S. 138) zusammenzufassen. In diesem Formular werden nicht nur jeder abgegebene Schuss, sondern darüber hinaus auch weitere Informationen erfasst, die für die folgenden Nachsuchen wertvoll sind. Wichtig ist, dass jeder auf der Jagd gefallene Schuss, auch der vermeintlich fehlgegangene, durch die Gruppenführer in dieses Schussformular eingetragen wird.

Die anstellenden Gruppenführer sind für die Meldung sämtlicher Schüsse an die Jagdleitung verantwortlich!

Während die Einträge der Standschützen auf den Standplatzformularen vorrangig der Dokumentation und einer späteren Auswertung dienen, wird die Zusammenfassung der Schussmeldungen und diesbezüglicher Informationen für den weiteren Jagdablauf unmittelbar benötigt, da sie zur Aufklärung von Schüssen und zur Planung der Nachsuchen zügig in den weiteren Jagdablauf einfließen können.

Neben dem Namen des Gruppenführers und der Gruppennummer, den Namen der Schützen und der Standplatznummer gehören in den Schussmeldebogen die in der Checkliste unten wiedergegebenen Informationen, die nach Bedarf und den Erfahrungen der Jagdleitung um weitere Punkte ergänzt werden können.

Die Angaben im Schussmeldebogen

- ☐ Namen des Gruppenführers
- ☐ Gruppennummer
- ☐ Namen der Schützen
- ☐ Standplatznummer
- ☐ beschossene Wildart, Geschlecht und Alter
- ☐ Uhrzeit
- ☐ Schusszeichen und Verhalten nach dem Schuss
- ☐ Pirschzeichen am Anschuss
- ☐ verwendetes Kaliber
- ☐ Stück alleine oder im Rudel- bzw. in der Rotte
- ☐ beschossene Körperseite
- ☐ Richtung der Schussabgabe (bergauf/bergab)
- ☐ Hunde am Stück, vor dem Schuss – nach dem Schuss
- ☐ weitere Anschüsse in der Nähe
- ☐ Nachsuche ja/nein
- ☐ Bemerkungen

Die Planung des Hundeeinsatzes

Beunruhigungsbereiche sind die Bereiche des bejagten Gebiets, in denen das Wild vermutet wird und aus denen es so herausgebracht werden soll, dass es den Schützen ziehend oder in nicht zu rascher Gangart vor die Büchse kommt. Es handelt sich hierbei in erster Linie um die Einstände des Wildes und die Bereiche, in die sich das Wild bei seinen Fluchten zurückzieht.

▸ **Wie wird vorgegangen?**

Zunächst soll auf die Strategie einer Bewegungsjagd, wie sie hier verstanden wird, noch einmal kurz eingegangen werden. Bei dem hier vorgestellten Konzept werden auf der gesamten zu bejagenden Fläche die Einstände gleichzeitig und anhaltend beunruhigt. Diese Form der Beunruhigung setzt natürlich eine große Fläche und eine der Flächengröße angepasste – also recht hohe – Zahl an Jägern voraus, um die nach den im letzten Kapitel vorgestellten strategischen Gesichtspunkten ausgewählten Stände besetzen zu können.

Die gleichzeitige Beunruhigung auf der gesamten Fläche verlangt aber auch, dass genügend erfahrene und ortskundige Hundeführer zur Verfügung stehen, die zum Teil mit einem begrenzten Bewegungsspielraum in den Kerneinständen des Treibens eingesetzt werden.

Bei einer gleichzeitigen, während der gesamten Dauer des Treibens erfolgenden Beunruhigung der Einstände auf der gesamten Fläche findet das Wild keine Einstände mehr vor, in die es sich dauerhaft zurückziehen kann. Es kommt immer wieder ins Ziehen und

In einer „taktischen“ Beunruhigungspause wechselt das Wild nicht selten in den angestammten Einstand zurück.

wechselt mit hoher Wahrscheinlichkeit verschiedene Jäger an, von denen es einer sauber zur Strecke bringen kann. Wird es nur einmal aufgemüdet, drückt es sich danach in dichter Deckung und wartet, bis die Jagd vorbei ist. Diese Jagdmethode setzt natürlich voraus – und dies ist ihr entscheidendes Element –, dass sich die beweglichen Hundeführer während des gesamten Treibens in ihren zugewiesenen Beunruhigungsbereichen aufhalten und diese zuverlässig immer wieder durcharbeiten. Verlassen dürfen sie sie schon allein aus Gründen der Sicherheit nicht (zur Vorgehensweise der Hundeführer selber s. unten).

Wird die Beunruhigung wie beschrieben nach rund zwei Dritteln der vorgesehenen Jagdzeit durch eine „Hundepause“ unterbrochen, in der die Hunde angenommen werden und auch die beweglichen Hundeführer auf einem Standplatz verbleiben, nutzt das Wild oft die Ruhe, um aus dem „Fremdeinstand“ in seinen vertrauten „Heimateinstand“ zu ziehen. Hier müssen die Standschützen nun besonders aufmerksam sein – diese Pause ist keine Jagdpause, in der Butterbrote ausgepackt werden dürfen!

Nach dieser etwa halb- bis dreiviertelstündigen taktischen Pause werden die Hunde nochmals für eine halbe bis anderthalb Stunden geschnallt, um die Einstände erneut zu beunruhigen, da vermutlich Wild aus anderen Einständen in den eigenen Beunruhigungsbereich eingewechselt ist. In dieser Phase arbeiten die Hunde oft nur noch „gebremst“, da sie trotz kurzzeitiger Erholung in der Pause meist schon recht erschöpft und auch nicht mehr besonders motiviert sind, dass bekannte Gebiet noch einmal abzusuchen. Hier können die beweglichen mit dem Konzept vertrauten Hundeführer in der Regel bei den Hunden noch einmal Reserven freimachen und sie erfolgreich an Wild bringen.

▸ Beunruhigungsbereiche wechseln

In diesem Zusammenhang hat es sich auch bewährt, dass in dieser taktischen Pause die Hundeführer ihre Beunruhigungsbereiche wechseln. Das verschafft nicht nur den Hunden ein neues und wieder interessantes Einsatzgebiet, sondern auch den Hundeführern etwas Abwechslung. Ein solcher Wechsel setzt natürlich exakte Absprachen aller Beteiligten voraus und kann nur durch die Gruppenführer, die Hundeobleute oder die Jagdleitung selber koordiniert werden.

Aus den vorstehenden Ausführungen wird der entscheidende Unterschied zu traditionellen Jagdkonzepten deutlich, bei denen Treiberwehren zumeist in Linie die Einstände durchkämmen und sich durch Dickungen kämpfen. Zumeist reicht die Energie dann gerade noch aus, das Ganze noch einmal zurückzutreiben, und dann ist das Treiben vorbei. Oft wird so das Wild nicht aus den Dickungen herausgebracht, da es durch die Treiberwehr nach hinten ausweicht und dies beim Zurücktreiben ggf. noch einmal versucht. Trotz fleißiger Bemühungen der Treiber ist der Erfolg oft nur mäßig und wäre bei gleichem Wildvorkommen, aber anderem Konzept wahrscheinlich deutlich besser gewesen.

Der Jäger mit dem Hund am Stand

Die Hunde werden grundsätzlich auf zwei verschiedene Weisen eingesetzt. Die eine Vorgehensweise sieht den Hundeführer auf einem festen Platz vor, der aber nach anderen Kriterien als der Standplatz eines Schützen auszuwählen ist. An diesem Stand geht es vorrangig darum, dass der Hund Wild aufbringt, und nicht darum, dass der Hundeführer möglichst gute Chancen hat, dieses zu erlegen. Dies ist ein ganz entscheidender Punkt. Bildhaft gesprochen ist der Jäger mit dem Hund an dieser Stelle eher „Dienstleister" und weniger „Kunde". Es kann also durchaus sein, dass der Stand nicht optimal an einem Wechsel liegt und das zulässige Schussfeld nur begrenzt ist. Wichtig ist in erster Linie, dass sich in der Standumgebung Wildeinstände befinden, die der Hund abzusuchen hat.

Pauschale Empfehlungen können hier kaum ausgesprochen werden. Sind Einstände von Pfaden durchzogen, bietet sich eine Platzauswahl im Bereich dieser Pfade an. Der Standplatz ist dann leicht zugänglich und gestattet eine gewisse Übersicht. Im Bereich von einsehbaren Mulden ist ein Stand an der Hangoberseite oft von Vorteil, weil hier Übersichtlichkeit eher gegeben ist und man im Falle, dass der eigene oder andere Hunde an gestelltem Wild Hilfe benötigen, hangabwärts zügig am Ort des Geschehens ist. Die festen Plätze für Jäger mit Hunden sind immer in Abhängigkeit von Geländeausformung und Bestandesstruktur individuell für jedes Jagdgebiet zu sehen und können oft nur nach mehrjährigen Erfahrungen optimal bestimmt werden.

> **Tipp**
>
> Steht der Wind vom festen Standplatz des Hundeführers auf den Einstandsbereich, den der Hund durcharbeiten soll, verlässt das Wild und vor allem erfahrenes Rotwild oft schon vor dem Schnallen des Hundes und noch in vertrauter Gangart den Einstand. Es ist wichtig, dass alle Standplätze im Treiben nun bereits zuverlässig besetzt sind. Die Jagdleitung muss immer sicherstellen, dass die gesamten Hundeführer gemeinschaftlich erst dann in das Jagdgebiet abrücken, wenn die Schützenstandplätze bereits alle besetzt sind.

Den Wind beachten

Wichtig ist für den Erfolg des Hundeeinsatzes dabei, den Platz so zu wählen, dass der Hund das Wild möglichst leicht findet. Die Berücksichtigung der Windrichtung spielt hierbei natürlich eine ganz wichtige Rolle.

Steht der Wind vom zu beunruhigenden Einstand in Richtung Hundeführer-Standplatz, kann der Hund gegen den Wind arbeiten, und die Arbeit fällt ihm leichter.

Für den Hundeführer am Standplatz gilt, dass er von der Schusswaffe im Rahmen der Bestimmungen der UVV Jagd Gebrauch machen kann. Da er einen Standplatz einnimmt, diesen grundsätzlich nicht verlässt und somit nicht in Bewegung ist, kann er wie alle Schützen unter Beachtung der sicherheitsrelevanten Kriterien selbstverständlich schießen. Dem Hundeführer am Standplatz muss allerdings gestattet werden, seinen oder andere Hunde im Notfall zu unterstützen. Wird krank geschossenes Wild von den Hunden gestellt, sollte in erster Linie immer erst der eigene oder zumindest ein anderer Hundeführer zur Hilfe eilen, erst an zweiter Stelle ist – wenn überhaupt von der Jagdleitung so vorgesehen und erlaubt – der Standplatzschütze hierzu berechtigt.

Auch diese Forderung verdeutlicht, dass Hundeführer über das gesamte Jagdgebiet verteilt sein müssen. Den Hundeführern mit Standplatz kommt in diesem Zusammenhang eine ganz zentrale Bedeutung zu. Selbstverständlich erhalten auch die Hundeführer, die einen Standplatz einnehmen, eine Karte, die neben den eingezeichneten Standplätzen in der Umgebung auch Informationen über Größe und Lage der Einstände und Beunruhigungsbereiche in seiner Nähe enthalten müssen, damit er sich im Notfall anhand der Karte besser orientieren kann.

Der Jäger mit Hund am festen Stand ist „Dienstleister“. Sein Hund muss arbeiten können, der persönliche Jagderfolg ist meist zweitrangig.

▸ Welcher Hundeführer auf einen festen Stand?

Für die Auswahl, welche Hundeführer einem Hundeführer-Standplatz zugeordnet werden, spielen verschiedene Gesichtspunkte eine Rolle. Zuvorderst ist die jagdliche Qualität seines Hundes zu beurteilen. Jagt der Hund selbständig mit ausgeprägtem Finderwillen, hat der Hund genügend Erfahrung, einen Einstand nachhaltig zu beunruhigen, ist der Hund in der Lage und ausreichend selbstbewusst, gefundenes Wild aufzubringen? Neben diesen Fragen, die den Hund betreffen, spielen auch Kriterien eine Rolle, die sich an den Hundeführer richten. Handelt es sich um einen zuverlässigen Schützen und ist er daher prädestiniert für einen nicht ganz einfachen Standplatz? Ist er vielleicht schon etwas älter oder in seiner Mobilität eingeschränkt und fällt ihm deshalb das aktive Beunruhigen nicht mehr so leicht? Ein weiterer Gesichtspunkt ist die Ortskenntnis. In übersichtlichem Terrain und in Begleitung ortskundiger Hundeführer ist auch bei unzureichender Ortskenntnis ein beweglicher Einsatz in ei-

Vor allem in solchen Schwarzwild-Kerneinständen wird der aktive Hundeführer eingesetzt. Er muss in jeder Hinsicht absolut zuverlässig sein!

nem Streifgebiet denkbar, da der Einsatz über den ständigen Kontakt zum ortskundigen Führer gewährleistet werden kann. In schwierigem Gelände scheiden ortsunkundige Hundeführer für das aktive Beunruhigen in eigener Verantwortlichkeit aber aus.

▸ Bewegliche Hundeführer

Der andere Einsatztypus des Jägers mit dem Hund ist der bewegliche Hundeführer in einem ihm zugewiesenen Beunruhigungsbereich, innerhalb dessen er sich mit seinem Hund bewegen soll. Der dem Hundeführer zugeteilte Bereich muss für diesen ganz klar abgrenzbar sein. Dazu erhält auch er eine Karte, die neben den eingezeichneten Standplätzen der Schützen die Besonderheiten des Beunruhigungsbereiches enthalten muss. Dies sind neben den Einständen beispielsweise markante Geländepunkte oder Felsen, an denen erfahrungsgemäß Wild liegt. Es können auch bekannte Wechsel markiert werden oder Schwarzwildsuhlen, die von erschöpften Sauen durchaus auch während Bewegungsjagden aufgesucht werden.

Diese Karten für die beweglichen Hundeführer können auch strategische Angaben enthalten, die der Jagdleiter aufgrund seiner Kenntnis über diesen speziellen Beunruhigungsbereich einzeichnen kann. Die gewünschte Reihenfolge oder Richtung der Beunruhigung kann durch Pfeilen und Linien vorgegeben werden. Gerade in großen oder unübersichtlichen Gebieten und auch dem weniger erfahrenen Hundeführer sind derartige Vorgaben hilfreich. Darüber hinaus können auch Standplätze eingezeichnet werden, die der Hundeführer für längere Zeit einnehmen kann, und auf denen er dann als Schütze die Waffe laden und auch Wild erlegen darf, während sein Hund arbeitet. Das setzt natürlich voraus, dass eine Gefährdung seiner selbst oder anderer Teilnehmer ausgeschlossen, ein solcher Standplatz im Gelände eindeutig gekennzeichnet und den Nachbarschützen bekannt ist! Diese temporären Standplätze sind unter Sicherheitsaspekten von allen Jagdteilnehmern genauso zu bewerten wie ein permanent besetzter Standplatz!

▸ Hitzköpfe sind fehl am Platz!

Die hervorstechenden Merkmale des beweglichen Hundeführers müssen ausgesprochene Zuverlässigkeit und ein herausragendes Sicherheitsbewusstsein sein. Hitzköpfe sind für diese Aufgabe ungeeignet. Der bewegliche Hundeführer darf zu keinem Zeitpunkt sich selbst, noch andere Jagdteilnehmer oder die Hunde in Gefahr bringen. Solange er aktiv den Hund unterstützt und keinen markierten bzw. festen Standplatz bezieht, gelten für ihn die eindeutigen Vorgaben der UVV Jagd bezüglich des Schusswaffengebrauchs im Treiben. Auch wenn die Standschützen durch die Jagdleitung selbstverständlich auf den Hundeführer und seinen Beunruhigungsbereich hinzuweisen sind, muss er selbst neben auffälliger Signalkleidung durch Rufe und sein sonstiges Verhalten dafür sorgen, dass er jederzeit berechenbar bleibt.

Die Abgrenzung der Beunruhigungsbereiche, in denen sich Hundeführer bewegen, muss bereits im Vorfeld durch die Jagdleitung so erfolgen, dass gefährliche Begegnungen zwischen Hundeführern und Schützen ausgeschlossen werden. Aber auch die Standplatzschützen innerhalb oder angrenzend an die Beunruhigungsbereiche der Hundeführer müssen äußerst sorgfältig ausgewählt werden – aus Sicherheitsgründen sind „Flinkfinger" hier ganz besonders fehl am Platz.

▶ Einsatz der Hunde

Es empfiehlt sich, dass die aktiv ein Gebiet beunruhigenden Jäger zu Beginn des Treibens die Hunde erst noch angeleint lassen. Locker sitzendes Wild wird ohnehin zeitig hoch und verlässt den Einstand dann zumeist nicht hochflüchtig, sondern sucht, durch das Angehen der Stände oft schon nervös geworden, eher heimlich das Weite.

Hat ein Hundeführer mehrere Hunde, sollte er diese nicht zusammen schnallen, um eine „Privatjagd" der Hunde zu vermeiden. Im Kapitel „Die Hunde sind das A und O" wurde schon ausgeführt, dass es bei der Bewegungsjagd auf selbständiges Jagen des Solisten, gepaart mit Finderwillen und Wildschärfe, ankommt und gemeinsam jagende Hunde fehl am Platz sind. Bei zwei oder mehreren Hunden in der Hand eines Führers wird erfahrungsgemäß die Bindung zum Hundeführer früher oder später durch die Bindung an den oder die Zwingerkollegen über das gemeinsame Jagen während des Treibens „verdrängt". Haben Hunde sich hierin eingespielt und den Bogen einmal raus, sieht man sie oft das ganze Treiben nicht mehr in dem zugewiesenen Beunruhigungsbereich. Hier fehlt nun effektiv der benötigte Hund und der Hundeführer – ist er als Aktivposten vorgesehen – darf die Arbeit alleine machen und muss an Stelle seiner vierbeinigen Helfer in die Hecken kriechen. Mehrere Hunde sollten immer nur zeitlich hintereinander – nicht versetzt(!) –, also immer nur allein geschnallt werden. Dann stellen die später geschnallten Hunde eine „frische" Reserve dar, deren bis dato gebremste Passion ihr Übriges tut, um sie nun intensiv Wild suchen zu lassen. Ein bei gemeinsam und eingespielt jagenden Hunden höheres Risiko, dass auch einmal gesundes Wild gefangen wird, lässt sich so von vornherein ausschalten.

▶ Die Hunde sichern den Erfolg

Der Hundeeinsatz ist kein Selbstzweck, sondern eine Unterstützung des – offensichtlich und zugegebenermaßen mit schlechteren Sinnen und anderen

Fähigkeiten ausgestatteten – Jägers. Gerade diese Unterstützung des Jägers durch den Hund ist aber das ganz entscheidende und oft sogar alleinige Mittel zum Erfolg einer Jagd! Für den mit dem Hund jagenden Jäger ist dies selbstverständlich, vielen anderen aber, die ohne Hund jagen, leider oft noch allzu wenig bewusst.

Die Beauftragten des Jagdleiters

Nicht nur bei einer großen Jagd ist deren Durchführung auf mehrere Schultern verteilt, auch bei kleineren Jagden mit nur 20 bis 40 Schützen werden Helfer gebraucht.

Deren wichtigste sind die anstellenden Gruppenführer, die die in Gruppen zusammengefassten Jäger und Hundeführer in ihre Standplätze und Beunruhigungsbereiche einweisen. Werden die Hundeführer aus taktischen Gründen einzeln oder in Trupps separat oder zeitlich versetzt eingewiesen, kann man aus deren Kreis Hundeführerobleute benennen, die den Hundeführern ihre Beunruhigungsbereiche oder Standplätze zuweisen. Gruppenführer und Hundeführerobleute tragen maßgeblich zu einem reibungslosen Ablauf der Jagd bei und übernehmen eine sehr hohe Verantwortung für einen sicheren Jagdverlauf. Welchen persönlichen Anforderungen sie genügen sollten, wurde bereits dargestellt. Eine profunde Ortskenntnis ist vor allem nötig für das zweckmäßige Bergen des Wildes (Bergauf oder bergab? Wo ist der nächste befahrbare Weg?), für die Suche nach verlorengegangenen Hunden und die Begleitung nicht ortskundiger Nachsuchenführer sowie zur nachvollziehbaren Beschreibung der jagdlichen Geschehnisse aus der Gruppe an die Jagdleitung.

▸ Unentbehrliche Stützen

Zu den Aufgaben der Gruppenführer gehören neben dem Anstellen und Einsammeln der Schützen deren Einweisung in das Schussfeld und außerdem das Feststellen der Anschüsse innerhalb der angestellten Gruppe sowie die Entgegennahme der Standplatzformulare und die Kontrolle der Eintragungen. Ist es üblich, einen Beitrag für eine Solidargemeinschaft Jagdhunde oder einen so genannten Hundeversicherungsfonds zur Abgeltung von Tierarztkosten zu spenden, übernehmen dies – soweit es nicht zentral über ein „Jagdbüro“ (s. Kapitel „Der Jagdtag“) organisiert ist – zweckmäßigerweise die Gruppenführer ebenfalls.

Die Zusammenarbeit mit den Beauftragten muss reibungslos klappen – die Jagdleitung muss ihnen „blind“ vertrauen können!

Die Gruppenführer sind für die vollständige Erfassung aller Schüsse jedes einzelnen Schützen und deren Meldung an die Jagdleitung in Form des beschriebenen Schussmeldebogens verantwortlich – also dafür, dass nach dem Treiben der Jagdleiter oder ein von ihm Beauftragter, am besten ein erfahrener Nachsuchenführer, rasch Schüsse klären und Entscheidungen über Nachsuchen treffen kann! Die lückenlos ausgefüllten Standplatzformulare sind dem Jagdleiter oder einem Beauftragten gesammelt zu übergeben. Der Gruppenführer ist ferner verantwortlich für die Bergung und Anlieferung des Wildes aus seinem Anstellbereich, dessen Zuordnung zum Erleger, das Aufbrechen und die Erstversorgen des Wildes und die Probennahme bei tierseuchenrechtlichen Restriktionen.

Frühzeitig in die Planung eingebunden, können und müssen sich Gruppenführer und Hundeführerobleute mit den ihnen anvertrauten Bereichen intensiv im Detail befassen und zwar nicht erst unmittelbar vor der Jagd. Die zeitige Integration und Zuweisung von Verantwortung steigern die Motivation, und mit Fug' und Recht dürfen sich diese Helfer einen reibungslosen und erfolgreichen Jagdtag auch als einen persönlichen Erfolg anrechnen.

▸ Abschlussbesprechung und letzte Aufgaben

Im Verlaufe der Vorbereitungen trifft man sich dann ein letztes mal zu einer abschließenden Besprechung. Sie dient im wesentlichen zwei Zielen: Einmal muss sie der Jagdleitung einen zuverlässigen Überblick darüber verschaffen, ob alle bis dahin notwendigen Aufgaben und Arbeiten erfüllt sind, zum anderen gilt es, den Jagdablaufplan detailliert festzulegen und noch ausstehende Aufgaben zu klären und zu verteilen.

Gruppenführer und Hundeführerobleute müssen mit denen ihnen obliegenden Aufgaben bereits vertraut, die hierzu notwendigen Begänge und Arbeiten im Revier sollten jetzt, etwa vier Wochen vor der Jagd, abgeschlossen sein.

Ergibt sich bei der Kontrolle der bisherigen Aufgabenerledigung ein außerplanmäßiger Verlauf, können jetzt noch Korrekturen vorgenommen und Versäumnisse nachgeholt werden.

Der Verlauf dieser Besprechung orientiert sich zweckmäßigerweise am Ablauf der eigentlichen Jagd. Beim gedanklichen Durchspielen des Jagdtages werden sich die Beteiligten der einzelnen Aufgaben am besten gewärtig. Dies gilt insbesondere dann, wenn man zum ersten Mal mit der Durchführung einer solchen Jagd betraut wird oder nur wenig Erfahrung damit besitzt. In der Regel wird dann schnell klar, wofür man wann wie viele Helfer braucht und was von wem erledigt werden muss.

Die Frage nach der Verteilung noch ausstehender Aufgaben ist natürlich am einfachsten beantwortet, wenn man je Aufgabe eine Person vorsieht. Dies ist aber nicht sehr effizient, da die Gefahr des Verzettelns besteht, und je nach Schützenzahl und Größe der Jagd auch nicht notwendig. Es kommt also darauf an, Aufgaben zu gruppieren und hierfür die Personen auszusuchen, die dafür geeignet sind. So kann die Versorgung und Veräußerung des Wildbrets durch die gleiche Person betreut werden, die das

Streckelegen vorbereitet oder für die Koordination der Probennahme (Trichinenschau, ggf. Schweinepestkontrolle) zuständig ist, da Aufbrechen, Probennahme, Streckelegen und Wildbretveräußerung üblicherweise nacheinander geschehen.

Die Terminierung dieser abschließenden Besprechung sollte nicht zu früh, aber auch nicht zu spät vor der Jagd erfolgen. Erfahrungsgemäß ist es sinnvoll, sie in dem Zeitraum von vier Wochen bis eine Woche vor der Jagd anzusetzen. An dieser Besprechung nehmen alle an der Organisation Beteiligten und je nach Rahmen und Größe auch die bei der Durchführung benötigten Hilfskräfte teil. Ob sämtliche späteren Hilfskräfte zu dieser Besprechung eingeladen werden, liegt im Ermessen der Jagdleitung, denn ein großer Teil der Aufgaben kann über die in die bisherige Organisation eingebundenen Helfer auch weiter delegiert werden, und wie das Helferteam selbst, so kann auch schon die Besprechung durch zu viele Teilnehmer ineffektiv werden. Soweit eine Delegation bestimmer Aufgaben erfolgt, muss deren sorgfältige Ausführung rechtzeitig kontrolliert werden.

Um die Erledigung der verbleibenden Nebenaufgaben, die nicht unmittelbar mit dem Jagen selbst zu tun haben, bittet man zuverlässige Personen, die an der eigentlichen Jagdausübung auch nicht teilnehmen.

▸ Ein Aufgabenblatt erleichtert die Kontrolle

Soll der Jagdtag wirklich nach allen Seiten abgerundet sein, müssen diese nachgeordneten Aufgaben genauso zu-

Bei detaillierten Jagdvorbereitung wird klar festgelegt, wer wofür zuständig ist. Nur so ist sicher, das z.B. die Reisigunterlage für die Strecke rechtzeitig fertig ist.

Die Aufgaben im Umfeld

- Anlieferung und Aufstellen eines Wildgestells
- Wasserbeschaffung zur Wildversorgung
- Anlieferung und Aufstellen von Behältern zur Aufbruchentsorgung bei zentralem Aufbrechen
- Ggf. Desinfektion des Aufbruchplatzes
- Bereitstellen und Richten von Grünreisig für das Streckelegen
- Bereitstellen von Brüchen für Wild und Erleger
- Transport von Feuerholz und Anzünden der Feuer
- Aufstellen von Tischen und Sitzgruppen

verlässig erledigt werden, wie die Einweisung der Schützen in den Standplatz. Hilfreich ist hierbei ein Aufgabenblatt für das Organisationsteam, das sämtliche zu erledigenden Aufgaben enthält und die damit verbindlich betrauten Personen benennt.

Hierin können auch wichtige Hinweise wie Anschriften und Telefonnummern der diensthabenden Tierärzte aufgenommen werden. Neben diesem Aufgabenblatt erhalten die Gruppenführer und Hundeführerobleute bei der Abschlussbesprechung nun ihre Gruppenlisten, die Standplatzkarten und -formulare für die Mitglieder ihrer Gruppe sowie den Schussmeldebogen. Wird aus Erfahrung noch mit nennenswerten Änderungen an den Gruppenlisten durch spontane und unvorhergesehene Absagen eingeladener Gäste gerechnet – dies lässt sich leider nie vollständig ausschließen –, ist es unter Umständen sinnvoller, diese Formulare erst am Jagdtagmorgen auszuteilen.

Befindet sich unter den Jagdgästen kein Tierarzt, der im Bedarfsfall auch zur Versorgung von Hunden bereit ist und wurde bisher auch sonst kein Tierarzt verständigt, ist es spätestens jetzt an der Zeit, einen oder vielleicht sogar mehrere Tierärzte über den bevorstehenden Jagdtag in Kenntnis zu setzen. Findet die Jagd an einem Samstag statt, muss natürlich der diensthabende Nottierarzt in Erfahrung gebracht werden.

Besteht die Möglichkeit, eine Tagesversicherung für die eingesetzten Hunde abzuschließen, muss auch dies nun geschehen.

Und nicht zuletzt ist spätestens jetzt ggf. auch der eigene Bestand an Warnwesten oder Signal-Hutbändern für vergessliche Schützen zu ergänzen.

▸ Letzte Inspektion

Die Jagdleitung sollte ungefähr eine Woche vor der Jagd eine gründliche Kontrollfahrt sowie am Tage vor der Jagd – am besten in der wenig störungsempfindlichen Mittagszeit – eine letzte Inspektionsfahrt durchführen, um sich abschließend darüber zu vergewissern, dass sämtliche Aufgaben erledigt sind. Wird dabei festgestellt, dass Wege kurzfristig durch einen Baum versperrt oder aber wichtige Wegeschranken nicht geöffnet sind, kann am selben Tag noch gehandelt werden.

Der Jagdtag

von Eberhard Eisenbarth

Am Treffpunkt

Die bisherigen und auch die weiteren Darstellungen sind bewusst ausführlich gehalten, damit sie insbesondere auch dem Neuling auf diesem Gebiet oder demjenigen, der ohne eingespielte Hilfsmannschaft eine solche Jagd organisiert, ausreichende Hilfestellungen bieten können.

Die nachfolgenden Ausführungen, die im Merkblatt S. 135/136 stichwortartig wiedergegeben sind, beruhen auf der Erfahrung von zahlreichen Bewegungsjagden auf Schalenwild aus den letzten 15 Jahren. Sie erheben nicht den Anspruch auf generelle Gültigkeit, sondern sollen Anhaltspunkte liefern und eine bewährte Vorgehensweise beschreiben, die aber je nach persönlichen oder örtlichen Gegebenheiten und Bräuchen selbstverständlich abgeändert werden kann.

▸ Letzte Abstimmung und Ankunft der Jagdäste

Der Jagdtag beginnt für die Jagdgäste mit der Anreise zum Treffpunkt und führt eventuell schon durch das Jagdrevier. Es hebt nicht nur die Stimmung und macht einen guten Eindruck, wenn die Jagdteilnehmer feststellen, dass die einschlägigen *Warnschilder* schon aufgestellt sind – dies ist vor allem eine wichtige, rechtzeitig vor Jagdbeginn zu erledigende Aufgabe der Verkehrssicherungspflicht, deren Überprüfung und Abnahme nach herrschender Rechtsauffassung grundsätzlich in die Verantwortlichkeit der Jagdleitung fällt. Zweckmäßigerweise wird das Aufstellen der Schilder durch einen Helfer übernommen und danach der Jagdleitung bestätigt. Dieser Helfer öffnet auch noch eventuell verschlossene Schranken, denn während der Jagd müssen grundsätzlich alle Wege in und aus dem Jagdgebiet offen sein (Notfälle).

Sinnvollerweise treffen sich alle an der Organisation und Durchführung der Jagd Beteiligten eine halbe Stunde vor der Jagd noch einmal, um ein letztes *Abstimmungsgespräch* zu führen. Hierbei können Standplatzkarten, Standplatzformulare, Schussmeldebögen und Gruppenlisten der anzustellenden Schützen an die Gruppenführer und Hundeführerobleute ausgehändigt werden, soweit dies noch nicht geschehen ist.

Der Jagdgast wird von einem *Parkeinweiser* begrüßt und gleich so eingewiesen, dass alle Autos frontseitig in Abfahrtrichtung stehen und niemand zugeparkt wird. Durch diese einfache Maßnahme wird später viel Zeit eingespart, da ein zügiges Abfahren der Gruppen nacheinander ohne größere Wendemanöver möglich ist. Der Parkeinweiser kann den Jagdgast auch gleich auf eventuell vorgesehene Formalitäten wie die Jagdscheinkontrolle hinweisen und ihn zu dem dafür ggf. vorgesehenen „Jagdbüro" schicken.

Wird am Morgen des Jagdtages ein „Jagdbüro" eingerichtet, können hier notwendige Formalitäten gebündelt erledigt werden.

▸ Das „Jagdbüro"

Das Jagdbüro ist durchaus eine sinnvolle Einrichtung, da hierdurch eine gewisse Entzerrung verschiedener Obliegenheiten erreicht werden kann. Die Erledigung der Formalitäten braucht aber eine gewisse Zeit, die bei der Jagdterminierung entsprechend zu berücksichtigen ist. Zur Vermeidung zu langer Wartezeiten sollte dieses Jagdbüro mit zwei Personen besetzt sein, welche die nachfolgend beschriebenen Aufgaben zügig erledigen.

Mit Hilfe der alphabetisch sortierten Teilnehmerliste aus den Einladungsrückläufen kann sehr schnell eine *Anwesenheitskontrolle* und gegebenenfalls noch eine letzte Korrektur in der Schützenverteilung vorgenommen werden. Zu den Formalitäten gehört neben der im Rahmen der Verkehrssicherungspflicht unverzichtbaren *Jagdscheinkontrolle* die Aushändigung der *Standplatzformulare* und *Standplatzkarten*, sowie ggf. ein *Merkblatt mit Sicherheitshinweisen* und Verhaltensregeln während der Jagdausübung. Dieses Merkblatt entspricht inhaltlich im Wesentlichen der Begrüßungsansprache des Jagdleiters.

Ist für den Jagdtag eine Hundeversicherung als Hundelebens- oder Krankenversicherung abgeschlossen oder existiert ein Hundeunterstützungsfond zur Deckung von Tierarztkosten etc., können an dieser Stelle Beiträge oder Spenden eingenommen werden. Dies gilt im Übrigen auch für andere Beiträge wie z. B. Standgelder und Gebühren, die bei verschiedenen Verwaltungsjagden anfallen, oder auch Verpflegungsbeiträge. Außerdem können im Jagdbüro die Teilnahme am Schüsseltreiben und im Falle vorliegender Menüvorschläge entsprechende Wünsche abgefragt werden. Hat jemand Signalweste oder sein Signalhutband vergessen, besteht am Jagdbüro die Möglichkeit, diese zu erwerben oder auszuleihen. Um Schwund im Bestand zu vermeiden, hat sich eine Pfandgebühr in Höhe des Wertes als sehr praktikabel erwiesen!

Was erledigt das Jagdbüro?

- Anwesenheitskontrolle
- Jagdscheinkontrolle
- Aushändigung von Standplatzformularen und -karten
- Aushändigung der Sicherheitsregeln
- Beitragserhebung
- Ausgabe von Signalkleidung

Die Ansprache der Jagdleitung

Nach Rücksprache mit dem Jagdbüro und ggf. notwendigen Umverteilungen in den Schützengruppen bittet die Jagdleitung nun die Bläser um das Signal „Begrüßung", ggf. nach vorherigem „Sammeln der Jäger".

Es folgt nun die Ansprache des Jagdleiters, zu deren Beginn die notwendige, der Sache angemessene Disziplin und uneingeschränkte Aufmerksamkeit aller Jagdteilnehmer einzufordern ist.

▸ Bekanntgabe des Jagdleiters

Leitet der Jagdausübungsberechtigte oder Jagdherr die Jagd nicht selbst, ist es üblich, dass er zunächst einige Begrüßungsworte an die Jagdgesellschaft richtet, hierbei vielleicht auch den einen oder anderen Gast, der ihm besonders am Herzen liegt, persönlich erwähnt und dann die Jagdgeschäfte für alle erkennbar an den von ihm bestellten *Jagdleiter* verantwortlich übergibt (s. UVV Jagd, § 4 (1)). Wie bisher wird im folgenden nicht weiter unterschieden zwischen Jagdausübungsberechtigtem und Jagdleitung, sondern allgemein von der Jagdleitung gesprochen, die ja die Verantwortung für die sichere Durchführung der Jagd trägt.

▸ Organisatorisches

Der Jagdleiter erläutert zu Beginn seiner Rede den Jagdablauf. Hierzu gehören die Uhrzeiten für den Beginn des Treibens (Schnallen der Hunde), eventuelle Pausen (Aufbrechpause oder Beunruhigungspause) sowie das Ende des Treibens. Diese Uhrzeiten sind für alle verbindlich, sodass ein *Uhrenvergleich* durchgeführt werden muss.

▸ Sicherheitsbelehrung

Nach diesen organisatorischen Rahmenbedingungen folgt die wichtige *Sicherheitsbelehrung*. Gemäß § 4 (2) UVV Jagd der Landwirtschaftlichen Berufsgenossenschaften hat der Jagdleiter vor Beginn der Jagd diese Belehrung der Jagdteilnehmer durchzuführen. Da zu Beginn der Ansprache die Aufmerksamkeit der Zuhörer erfahrungsgemäß am höchsten ist, sollte die Sicherheitsbelehrung vor der Bekanntgabe der Freigabe erfolgen. Sie muss sämtliche Informationen und Belange enthalten, die zu einem sicheren und reibungslosen Ablauf der Jagd notwendig sind. Dazu gehören neben den in § 4 UVV Jagd aufgeführten Bestimmungen auch die Hauptregeln für das Verhalten der Jäger auf Treibjagden und sonstigen Gesellschaftsjagden, die weitgehend identisch auf der Rückseite jedes Jagdscheines nachzulesen sind.

Wenngleich die Hauptregeln und die Bestimmungen der UVV Jagd jedem Jä-

Tipp

Der Jagdleiter sollte in seiner Ansprache auch schon den Platz des Streckelegens bekannt geben. Da bei der Bildung von Fahrgemeinschaften nicht alle Autos mitgenommen werden, kann sich jeder Jäger also entsprechend einstellen, wenn die Strecke woanders gelegt wird. Außerdem ist es sinnvoll, auch das Lokal des Schüsseltreibens mitzuteilen. Ist dies nicht bereits im „Jagdbüro" geschehen", kann bei einer überschaubaren Jagdgesellschaft der Jagdleiter auch bei der Ansprache noch die Zahl der am Schüsseltreiben teilnehmenden Jäger abfragen und diese dem Wirt telefonisch durchgeben.

Sicherheitsbelehrung, Freigabebestimmungen und mehr – bei der Ansprache stellt der Jagdleiter die Weichen für einen erfolgreichen Jagdtag.

ger bekannt sein müssen, ist es aber immer sinnvoll, wesentliche Gefährdungsmomente und Verhaltensregeln herauszugreifen und zu betonen.

Der Jagdleiter weist in diesem Zusammenhang insbesondere darauf hin, dass Schusswaffen ausschließlich während der tatsächlichen Jagdausübung geladen sein dürfen und stets so getragen werden müssen, dass niemand gefährdet werden kann. Konkret bedeutet dies, dass erst auf dem Standplatz geladen werden darf und unmittelbar nach Ende des Treibens die Waffe noch auf dem Standplatz wieder zu entladen ist. Entladene *Repetierbüchsen* sind mit *offenem Verschluss* mit der *Mündung nach oben* und entladene *Kipplaufwaffen* mit *gebrochenen Läufen* zu tragen.

▸ Kugelfang

Jeder ist für seinen Schuss verantwortlich! Auf freigegebenes Wild darf nur geschossen werden, wenn es sicher angesprochen wurde und durch den Schuss niemand gefährdet werden kann.

Dies setzt vor allem einen sicheren Kugelfang voraus: Weder darf über den Horizont geschossen werden, noch stellen Felsen, Bäume oder Buschwerk einen zulässigen Kugelfang dar, da hiervon unkalkulierbare Gefährdungen für andere ausgehen können. Dies gilt insbesondere auch für das ballistische Verhalten von Flintenlaufgeschossen (s. Kapitel „Die Ausrüstung"), weshalb verschiedene Jagdleiter die Verwendung von Flintenlaufgeschossen auf Gesellschaftsjagden auch generell untersagen. Einen sicheren Kugelfang bildet in der Regel nur der *gewachsene Erdboden.*

▸ Umgang mit der Waffe

In Richtung anderer Personen darf weder geschossen noch angeschlagen werden. Diesem Sicherheitshinweis kommt in Naherholungsbereichen besondere Bedeutung zu, wo stets mit Spaziergängern, Wanderern und Freizeitsportlern zu rechnen ist – also mit unbeteiligten und damit nicht kalkulierbaren Personen. Ausgewiesene und markierte Wanderwege stellen ein besonderes Gefahrenmoment dar. Jagdteilnehmer, die sich während des Treibens bewegen und dabei eine Waffe mit sich führen, müssen diese *entladen* mit sich führen. Die Durchführungsanweisung zu § 4 Absatz 11.1 der UVV Jagd bestimmt näher: „2. Das Mitführen der Schusswaffe mit entladenen Läufen (Patronenlager) ist ausnahmsweise für Durchgeh- und Treiberschützen zulässig für den *Eigenschutz*, für den *Fangschuss*, für *den Schuss auf vom Hund gestelltes Wild*." Entladen bedeutet folglich, dass sich keine Kugel im Patronenlager einer Waffe befinden darf, Repetierer also unterladen geführt werden können, wie es auch auf der Nachsuche seit jeher aus Sicherheitsgründen praktiziert wird. Diese Bestimmung der UVV gilt natürlich sinngemäß auch für die im Treiben eingesetzten beweglichen Hundeführer. Die Hundeführer sind auf diese Sicherheitsbestimmung hinzuweisen.

▸ Signalkleidung

Jeder, der an der Jagd teilnimmt, muss sich durch *Signalkleidung* von der Umgebung abheben, § 4 der UVV Jagd regelt hierzu näheres. Das mittlerweile etablierte Hutband ist tatsächlich die Minimallösung, wesentlich besser sind Westen in Signalfarbe, von denen zur Vermeidung starker Kontraste die Reflektorstreifen entfernt werden können. Da das Sehvermögen der Schalenwildarten bekanntlich stark reduziert ist und Signalrot als mittleres Grau wahrgenommen wird, schmälert eine rote Jacke aufgrund ihrer Farbe wohl kaum den

Schalenwild besitzt lediglich ein reduziertes Farbsehvermögen: Signalwesten sind schwarzweiß nicht auffälliger als das beliebte Jägergrün.

Jagderfolg. Die Fotos auf der vorhergehenden Seite verdeutlichen, wie unauffällig eine handelsübliche Signalweste in Schwarzweißabbildung aussieht. Wer den geforderten Sicherheitsbestimmungen in diesem Punkt nicht nachkommt, darf an der Jagd nicht teilnehmen!

▸ Schussabgabe

Der Jagdleiter kann den Schuss vor Beginn des Treibens nach Einnahme des Standplatzes zulassen, wenn die *Einweisung in das Schussfeld* durch den anstellenden Gruppenführer und die *Verständigung mit den Nachbarn* erfolgt ist, sofern diese sich im Gefährdungsbereich des Schützen befinden. Kann mit den Nachbarschützen nicht unmittelbar Kontakt aufgenommen werden, sind die Standnachbarn dem Schützen in der Standplatzkarte zu bezeichnen und die Richtung ihrer Stände im Gelände anzuzeigen. Auf die Eintragungen in das Standplatzformular und die Standplatzkarte sollte an dieser Stelle nochmals hingewiesen werden. Insbesondere ist jeder Schuss zu melden und einzutragen!

Unvertretbare Weitschüsse untersagt die Jagdleitung mit dem Hinweis, dass nicht beschossene Stücke in der Regel anderen Schützen besser kommen und dann weidgerecht erlegt werden können.

Nach der angesagten Uhrzeit zum Ende des Treibens dürfen mit Ausnahme von Fangschüssen keine Schüsse mehr abgegeben werden.

Tipp

Bei der hier großflächigen Bewegungsjagd wird während der Planung bereits darauf geachtet, dass sich die Schützen nicht gegenseitig gefährden können – dies ist ein vorrangiges Kriterium der Standplatzauswahl! Für jeden einzelnen Standplatz werden außerdem die Schussbereiche ganz genau festgelegt.
Weist dann der Jagdleiter ausdrücklich darauf hin, dass nur in den zugewiesenen Bereichen geschossen werden darf, sind Gefährdungen weitgehend ausgeschlossen.

▸ Abholen und Anschusskontrolle

Keiner der Schützen darf seinen ihm zugewiesenen Standplatz während des Treibens verändern oder verlassen. Er muss warten, bis ihn der anstellende Gruppenführer abholt. Dieser kontrolliert dann mit ihm gemeinsam etwaige Anschüsse, indem er sich vom Schützen von dessen Standplatz aus in den Anschuss einweisen lässt. Es ist größter Wert darauf zu legen, dass *keine eigenständigen Anschusskontrollen* durch die Standplatzschützen durchgeführt werden, damit der Anschuss nicht vertrampelt und so die Arbeit der Nachsuchengespanne am Anschuss erschwert wird. Die Frage nach der *Folge* erübrigt sich so ebenfalls, da der anstellende Gruppenführer die Gruppe zum Sammelplatz führt.

▸ Gestelltes Wild

Wenn Hunde stellen oder krankgeschossene Stücke binden, muss grundsätzlich gelten, dass nur Hundeführer den Hunden zur Hilfe kommen. Sofern kein Hundeführer in der Nähe ist, ist aber in Ausnahmefällen das Eingreifen von Standplatzschützen erforderlich, in deren Nähe sich das Geschehen abspielt. Für diese Situation sollte der Jagdleiter eine klare Sprachregelung treffen: Standplatzschützen dürfen in einer solchen Situation nur dann ihren Standplatz verlassen, wenn sie sich zum einen mit ihren Nachbarschützen in Verbindung gesetzt haben und wenn sie es sich außerdem zutrauen, das gestellte Stück notfalls auch mit der *kalten Waffe* anzugehen. Von der Schusswaffe darf in einer solchen Situation nur Gebrauch gemacht werden, wenn die *Sicherheit für für Menschen*, aber auch die *stellenden Hunde* unter allen Umständen gewährleistet ist – also so gut wie nie! Traut sich jemand nicht zu, ein Stück mit der blanken Waffe abzufangen, soll er es einem anderen überlassen, auf keinen Fall darf er die Hunde durch den Gebrauch der Schusswaffe gefährden. Letztere darf allenfalls der Hundeführer am eigenen Hund einsetzen und muss es dann auch selbst verantworten.

▸ Wenn Hunde fehlen

Nach dem Treiben müssen *umherlaufende Hunde*, die offensichtlich keinem Hundeführer unmittelbar zuzuordnen sind, eingesammelt und zum Sammelplatz mitgebracht werden. Diese Anweisung richtet sich an alle Jagdteilnehmer. So kann unter Umständen vermieden werden, dass der Hundeführer nach der Jagd noch stundenlang nach seinem Hund suchen muss. Telefonnummer und Name des Eigentümers auf der Signalhalsung erleichtern die Zuordnung. Die Telefonnummern der vorab über die Jagd informierten *diensthabenden Tierärzte* in der näheren Umgebung werden den Jagdteilnehmern mitgeteilt.

Tipp

Was oft vergessen wird: Die Wege müssen frei bleiben! Kein Auto darf so geparkt werden, dass das Passieren eines anderen Autos nicht mehr möglich ist. Dies ist nicht nur ein Gebot des reibungslosen Jagdablaufs, sondern kann in Notfällen für Menschen und vierbeinige Jagdhelfer gleichermaßen lebensentscheidend sein!

▸ Schlussbemerkungen

Nach der nun folgenden Bekanntgabe der Freigabebestimmungen und der Regeln zur Wildversorgung (s.u.) sollte der Jagdleiter am Ende seiner Ansprache noch darauf hinweisen, dass die Jagdteilnehmer die ausgefüllten Standplatzkarten und -formulare am Ende der Jagd den Gruppenführern übergeben sollen – erfahrungsgemäß wird das nämlich gern vergessen.

Weiterhin muss er die Jagdgäste auffordern, den Standplatz ruhig anzugehen und sich dort während des Treibens ebenso ruhig zu verhalten. Vielfach werden nämlich die Sinne des Wildes unterschätzt und durch mangelnde Ruhe der Schützen die Jagdchancen reduziert. Hunde angestellter Jäger, die keine Standplatzruhe bewahren, sind besser im Auto aufgehoben; sie vereiteln zumeist nicht nur den Erfolg des Eigentümers, sondern auch allzu oft den benachbarter Schützen und der Jagd insgesamt.

Wege müssen frei bleiben! Kommt der Holzfuhrmann nicht mehr durch, sind versperrte Wege „nur" ärgerlich – in Notfällen ggf. mehr als fatal.

Die Wildfreigabe

Neben den bisher angesprochenen eher organisatorisch und sicherheitstechnisch relevanten Aspekten sind die *Freigabebestimmungen* und *Regeln für die Wildversorgung* ein wichtiger Bestandteil der Ansprache der Jagdleitung. Die Freigabe der Wildarten und der entsprechenden Altersklassen ist abhängig von den Interessen und Zielsetzungen der Jagdleitung.

Deshalb sollen die Jagdfreigabe hier nur beispielhaft, eingebunden in den praktischen Jagdablauf, dargestellt, sowie einige Steuerungsmöglichkeiten für deren gewissenhafte Einhaltung vorgestellt werden. Da die formale Altersklassen-einteilung in den verschiedenen Bundesländern unterschiedlich ist, beschränkt sich die Darstellung auf biologische Altersstufen. Wie zuvor soll hier nur auf die drei Hauptschalenwildarten, denen die Bewegungsjagd in der Regel gilt, eingegangen werden.

▸ Hirsche

Beim *Rotwild* können Hirsche der Jugendklasse freigegeben werden. Es empfiehlt sich aber, dies über die Endenzahl zu konkretisieren, so z. B. „Hirsche der Klasse III bis zum Achter".

Von der Freigabe ungerader Endenzahlen ist hierbei eher abzuraten: Liegt am Ende dann ein gerader anstelle eines ungeraden Achters, hat nicht nur der Jagdgast ein Problem, sondern auch die Jagdleitung. Sie muss nun nämlich Konsequenzen ziehen.

▸ Rotkahlwild und Rehwild

Beim *Kahlwild* ist es manchmal schwierig, Schmaltier von Alttier und Kalb zu unterscheiden, zumal wenn es alleine kommt – für den nur gelegentlich auf Rotwild jagenden Jäger stellt dies mitunter aber ein Problem dar. Um Fehlabschüsse zu vermeiden, sollte man beim Rotkahlwild Kälber freigeben und mitlaufende Schmal- oder Alttiere nur unter der Bedingung, dass das Kalb erlegt ist. So kann zumindest vermieden werden, dass Alttiere als vermeintliche Schmaltiere erlegt werden und nach der Jagd verwaiste Kälber umherirren.

Für Mehrfachschüsse auf das gleiche Rudel sollte grundsätzlich gelten, dass

Schmaltier? Alttier? Ist wie hier kein Kalb dabei, sollten Schmal- und Alttiere nicht freigegeben werden.

ein zweites Stück erst dann beschossen werden darf, wenn das erste Stück sauber getroffen wurde und liegt.

Beim *weiblichen Rehwild* gilt im Grundsatz das Gleiche, auch hier ist das Kitze vor der Ricke zu erlegen.

▸ Schwarzwild

Um *Fehlabschüsse von Leitbachen zu vermeiden*, werden beim Schwarzwild oftmals Gewichtsgrenzen angegeben. Diese Gewichtsgrenzen zielen darauf ab, den Abschuss auf die Jugendklasse zu beschränken, die bei den Sauen die Altersklasse der Frischlinge und Überläufer umfasst.

Da je nach Wurfdatum, Ernährungszustand und sozialer Stellung die Körpergewichte außerordentlich schwanken können, ist die Gewichtsgrenze nur eine Hilfsgröße und kein immer treffsicheres Kriterium für eine korrekte Ansprache.

Entscheidend ist, dass die erlegten Stücke der freigegebenen Altersklasse entsprechen und man sich nicht willkürlich an eine Gewichtsgrenze klammert. Ein intern vereinbarter Toleranzrahmen von 5 bis 10% sollte überdies selbstverständlich sein.

Selbstverständlich wird innerhalb einer Rotte eine zweite Sau auch nur dann beschossen, wenn die erste eindeutig erlegt wurde.

▸ Fuchs

Füchse binden die Hunde oft sehr lange und halten sie von der Beunruhigung der Schalenwildeinstände ab. Unabhängig von anderen Überlegungen sollten sie aus diesem Grund freigegeben und erlegt werden.

▸ Was tun bei Fehlabschüssen?

Liegen trotz eindeutiger Vorgaben am Ende *nicht freigegebene* Stücke auf der Strecke, sollte der Jagdleiter schon vor

Werden nicht freigegebene Stücke beschossen, gibt es verschiedene Möglichkeiten der „Ahndung“. Einfach hinnehmen darf es der Jagdleiter nicht.

Tipp

Gewichtsangaben sind immer nur Hilfsgrößen und kein sicheres Alterskriterium! Es kann durchaus vorkommen, dass neben Frischlingen von 50 kg mehrjährige Bachen von nur 45 kg oder weniger auf der Strecke liegen.

Eine als Keiler angesprochene Sau von 85 kg, die sich dann als maximal 22 Monate alter Überläufer entpuppt, ist aus biologischer Sicht dagegen ein Eingriff in die richtige Altersklasse – dass in diesem Fall der Schütze dann natürlich eklatant neben der Gewichtsgrenze lag, steht auf einem anderen Blatt.

Der Jagdleiter sollte deshalb bei der Freigabe von Schwarzwild immer auch auf Hilfskriterien wie die durchweg rotbraune Färbung der Frischlinge verweisen.

Beginn der Jagd etwaige Konsequenzen ansprechen. Die zahlreichen Sanktionsmöglichkeiten sollen hier an dieser Stelle nicht ausführlich erörtert werden, einige Tipps für hartnäckige Fälle sind aber vielleicht hilfreich.

Die Jagdleitung muss entscheiden, ob sie „Wiederholungstäter", die schon mehrfach nicht freigegebenes Wild erlegt haben, künftig noch einmal einlädt.

Eine praktikable Vorgehensweise ist es auch, Fehlverhalten mit einmaligem Aussetzen in der nächsten Saison zu ahnden – dies sollte man zuvor aber ankündigen.

In den staatlichen Verwaltungsjagden der Länder gibt es in den einschlägigen Jagdnutzungsanweisungen überdies ein ganzes Instrumentarium, Fehlabschüsse zu sanktionieren. Dieses reicht von erhöhten Jagdbetriebskostenbeiträgen bis hin zum unwiderruflichen Einzug der Trophäe.

Für welche Sanktion auch immer sich die Jagdleitung entscheidet, sie sollte in jedem Fall vorher angekündigt werden und ggf. umgesetzt werden.

Tipp

Eine andere vielfach praktizierte Methode, Fehlabschüsse zu vermeiden, besteht darin, dass nicht freigegebene Stücke vom Schützen übernommen werden müssen. Dieses Instrument greift aber nur, wenn der Wildbretpreis je Kilogramm deutlich über dem ortsüblichen Preisrahmen liegt. Besondere Verbindlichkeit erlangt diese Regelung ungeachtet ihres formalen Charakters, wenn der Jagdleiter sie vor Beginn der Jagd als gemeinsame Vereinbarung vorschlägt und die Zustimmung der Jagdgäste einholt.

▸ Wildversorgung am Jagdtag

Für die Wildversorgung am Jagdtag sind verschiedene Vorgehensweisen denkbar. So kann das Wild zentral durch speziell dafür vorgesehene Personen geborgen, aufgebrochen und versorgt werden. Das Wild kann aber auch direkt am Erlegungsort durch die Jagdgäste aufgebrochen und anschließend durch Helfer unter Mithilfe der Jagdgäste eingesammelt werden. Auf jeden Fall sind die Jagdteilnehmer über die Vorgehensweise zur Wildversorgung zu informieren.

Ob Wild, das aufgrund schlechter Schüsse stark entwertet ist, von dem Erleger zu übernehmen ist, liegt im Ermessen der Jagdleitung. Ein entsprechender Hinweis wäre ggf. an dieser Stelle angebracht.

Sind aus tierseuchenrechtlichen Gründen Schweiß-, Wildpret- und Gewebeproben zu entnehmen, sollten hiermit aus seuchenhygienischen Erwägungen nur wenige Personen betraut werden, da das Risiko einer virologischen Kontaminierung naturgemäß mit der Zahl der potenziellen Kontaktpersonen ansteigt. Jagdgäste, zumal weither angereiste, können zur unkontrollierten Verbreitung von Erregern beitragen.

Gruppeneinteilung und Aufbruch zur Jagd

Am Ende seiner Ansprache muss der Jagdleiter den Gästen Gelegenheit zu Fragen geben, um letzte Unklarheiten zu beseitigen. Ansonsten bleibt nun,

Weidmannsheil zu wünschen und die Gruppen einzuteilen.

Bevor die Gruppeneinteilung der Jagdgäste erfolgt, werden die Gruppenführer namentlich vorgestellt. Der aufgerufene Führer tritt hervor, sodass sich die später aufgerufenen Mitglieder seiner Gruppe rasch um ihn versammeln können.

Damit bei der Gruppeneinteilung auch sicher ist, dass jeder seinen Aufruf vernommen hat und fehlende Gäste erfasst werden können, muss die Jagdleitung sich den namentlichen Aufruf von jedem Gast laut bestätigen lassen. Bleibt die Antwort aus, kann die Jagdleitung nachfragen und eine ggf. entstandene Lücke in der Standbesetzung durch Umverteilung schließen. Sobald die Gruppe dann vollständig ist, rückt sie zu den Ständen ab.

▸ Abrücken auf die Stände

Der Gruppenführer übernimmt nun die Leitung seiner Gruppe. Vor dem Abrücken der Gruppe oder bei der Einweisung in den Standplatz teilt er die Standplatzformulare und Standplatzkarten aus. Tut er dies erst am Stand, hat das den Vorteil, dass schnell ein unmittelbarer Bezug zwischen Karte und Örtlichkeit hergestellt werden kann.

Der anstellende Gruppenführer muss seine Gruppe zusammenhalten und dafür sorgen, dass auch wirklich alle ankommen. Bei der Abfahrt sollte er sich daher vergewissern, dass alle hinter seinem Auto und in Kolonne fahren. Am Ziel muss er darauf achten, dass kein abgestelltes Auto den Weg versperrt. Beim Verlassen der Autos sollte er nochmals die Schützen eindringlich auf ein leises und zügiges Angehen hinweisen.

Tipp

Nach einer langen Ansprache ist die Konzentration der Gäste erfahrungsgemäß nicht mehr besonders hoch. Um sich deren Aufmerksamkeit wieder zu sichern, eröffnet man die Gruppeneinteilung deshalb am besten mit dem Signal „Aufbruch zur Jagd". Nach der Gruppeneinteilung sollen die einzelnen Gruppen aus fahrtechnischen Gründen und zur Vermeidung von Stockungen zügig abrücken, daher bleibt für dieses Signal später keine Zeit mehr.

Fahrgemeinschaften organisieren und zusammenhalten sind Aufgaben des anstellenden Gruppenführers. Ist in jeder Gruppe ein Fahrzeug mit Hänger, erleichtert dies die Wildbergung.

▸ Einweisung der Schützen

Am Standplatz weist der Gruppenführer dem Schützen das Schussfeld zu und betont hierbei die unverzichtbaren Sicherheitsanforderungen an die Schussabgabe. Er bezeichnet dem Standschützen im Gelände und auf der Karte die Nachbarstände und kann sich ansonsten kurz fassen, da die Verhaltensregeln während der Jagd ausführlich in der An-

Tipp

Wer ausgefüllte Standplatzformulare möchte, sollte auch für Schreibwerkzeuge sorgen! In der Regel führen viele Jagdgäste nämlich keinen Stift bei sich. Werden die Angaben erst nachträglich aus der Erinnerung heraus eingetragen, sind sie oft lückenhaft. Ein kleines Bleistiftreservoir am Ort der Gruppeneinteilung oder in der Tasche des Gruppenführers schafft hier Abhilfe.

Weiche Bleistifte eigenen sich übrigens besser als Kugelschreiber, da sie auch bei Kälte und auch auf feuchtem Papier nicht versagen.

sprache der Jagdleitung erläutert wurden. Vielfach erwarten die Schützen noch Angaben zur Richtung, aus der das Treiben voraussichtlich kommt. Bei der hier vorgestellten Jagdkonzeption sind solche Hinweise entbehrlich, da das Wild grundsätzlich von allen Seiten anwechseln kann.

Auf Zieh- oder bekannte Fluchwechsel in Standnähe sollte allerdings hingewiesen werden. Die Folge muss nicht mitgeteilt werden, da der Schütze von dem Gruppenführer an seinem Standplatz wieder abgeholt wird.

▸ Abrücken der Hundeführer

Wie die Hundeführer in das Jagdgebiet abrücken, hängt maßgeblich von den organisatorischen Vorgaben, insbesondere von Sicherheitsaspekten, den Geländeverhältnissen, der Größe der Jagdfläche und der zur Verfügung stehenden Zeit ab und muss dementsprechend festgelegt werden. Sie können mit den Anstellgruppen, später als eigene Trupps oder aber auf beide Weisen ihren Einsatzbereich aufsuchen.

Am sinnvollsten ist nach den Erfahrungen eine kombinierte Vorgehensweise, bei der die Hundeführer mit Standplatz den Anstellgruppen zugeordnet werden und die beweglichen Hundeführer oder Hundeführertrupps warten, bis nach ausreichender Zeitvorgabe oder ggf. Funkkontakt die Gewissheit besteht, dass alle Schützenstände besetzt sind. Denn in den Kerneinständen – meist ja das Haupteinsatzgebiet der beweglichen Hundeführer – darf das Wild unter keinen Umständen vorschnell Wind bekommen oder beunruhigt werden! Voraussetzung hierbei ist, dass diese Hundeführer ortskundig sind oder unter der Leitung eines ortskundigen Hundeführerobmanns stehen.

Die Wartezeit kann dazu genutzt werden, sich noch einmal intensiv mit dem Treiben und den Beunruhigungsbereichen zu befassen. Je nach der Strategie der Jagd, den einzelnen Einständen und den darin bestätigten Wildarten, wird die Jagdleitung jetzt vielleicht noch Korrekturen vornehmen, die einen gestaffelten Hundeeinsatz betreffen. Dies kann so aussehen, dass kleine und langsamere Hunde zuerst geschnallt werden, um Fuchs, Reh- und Rotwild zum Auswechseln zu bewegen, und etwa eine viertel bis eine halbe Stunde später erst die größeren und auf Sauen spezialisierten Hunde geschnallt werden, die sich dann auf das Schwarzwild konzentrieren können, ohne von anderen Schalenwildarten oder dem Fuchs abgelenkt zu werden. Feinheiten wie die Uhrzeiten des jeweiligen Schnallens und nähere Anweisungen zur Vorgehensweise kann der Jagdleiter den Hundeführern zu diesem Zeitpunkt mitteilen.

Ist es aus organisatorischen Gründen geboten, alle Hundeführer mit den Schützengruppen abrücken zu lassen, werden auch die beweglichen Hundeführer von den Gruppenführern in ihren Beunruhigungsbereich eingewiesen. Dies ist vor allem dann sinnvoll, wenn die Standplätze einzelner Hundeführer oder aktive Beunruhigungsbereiche (einzelne Dickungen) so zwischen den Standplatzschützen liegen, dass ein späteres Anrücken der Hundeführer organisatorisch zu umständlich oder nicht möglich ist. Entsprechende Zeitvorgaben des Gruppenführers für das Schnallen der Hunde (Standplatz-Hundeführer) und zum Beginn der aktiven Beunruhigung (bewegliche Hundeführer) müssen auch in diesem Fall sicher stellen, dass die Beunruhigung erst dann beginnt, wenn alle Standplätze besetzt sind.

Der Jagdleiter während des Treibens

Der für die Durchführung der Jagd verantwortliche Jagdleiter verlässt als letzte Person den Sammelplatz. Getreu dem Grundsatz „Strecke machen die Gäste", kommen ihm während des Treibens in erster Linie die Aufgaben der Koordination und Kontrolle zu, er muss sich um den reibungslosen Ablauf der Jagd kümmern. Die Jagdleitung wird sich deshalb sinnvollerweise im Treiben aufhalten und nicht die gesamte Zeit auf einem Standplatz verbringen. Gelingt es beispielsweise den Hunden nicht, die Sauen aus dem Einstand zu jagen, hilft sie dort selbst oder kann während des Treibens Hundeführer umsetzen und zur Verstärkung hinzuziehen.

Solche koordinierenden Funktionen kann eigentlich nur die Jagdleitung ausführen, da sie bis ins letzte Detail informiert ist und sich demnach auch entsprechend gefahrlos durch das Treiben – sei es mit dem Auto oder zu Fuß – bewegen kann. Die Jagdleitung findet sich auch zeitig vor dem Ende des Treibens am Sammelplatz ein, um sich gleich um die eingehenden Meldungen der Gruppenführer zu kümmern.

Vorbereitungen am Streckenplatz

Am Pausenplatz zwischen zwei Treiben bzw. dem Streckenplatz sollten während der Jagd rechtzeitig genügend große Feuer entzündet werden, damit sich alle Jagdteilnehmer an kalten Tagen nach ihrem Eintreffen möglichst gleich wärmen können. Die hiermit betraute Person hat in der Zwischenzeit auch ausreichend Zeit gehabt, das bereitge-

Für einen runden Jagdtag ist auch dies wichtig: Feuer am Streckenplatz müssen schon vor Ende des Treibens entzündet werden.

stellte *Grünreisig zum Streckelegen* auszubreiten. Dies kann in Form eines Reisigteppichs oder bei entsprechend sauberem Untergrund auch als Reisigumrahmung erfolgen. Für letztere braucht man weniger Reisig, sie lässt sich schneller an die tatsächliche Streckengröße anpassen und sieht auch nicht schlecht aus. Kann die Jagdleitung während des Treibens schon Zwischeneregbnisse über die erzielte Strecke ermitteln und weitergeben, lässt sich die Größe dieses Teppichs oder der Umrahmung gleich verändern und der vermuteten Gesamtstrecke anpassen. Es sollten nun auch schon genügend gerechte *Brüche* für die Erleger und das Wild bereitgehalten werden.

Nach dem Treiben

Nach dem Treiben holt der Gruppenführer jeden einzelnen Schützen an seinem Standplatz ab. Er lässt sich berichten, ob der Schütze geschossen hat und ob er Anblick hatte. Danach kontrolliert er die Vollständigkeit der Eintragungen in Standplatzformular und -karte und untersucht etwaige Anschüsse auf Schusszeichen indem er sich vom Schützen von dessen Standplatz aus in den Anschuss einweisen lässt; der Schütze verbleibt hierbei zunächst am Standplatz.

▶ **Anschusskontrolle**

Diese Vorgehensweise ist zumeist am erfolgversprechendsten, denn zum einen wird der *Anschuss* durch den erfahrenen Gruppenführer mit der notwendigen Behutsamkeit untersucht und ein Vertrampeln des Anschusses vermieden. Zum anderen sind Richtungskorrekturen vom Standplatz des Schützen aus am genauesten, denn von dort aus hat er ja auch geschossen. Für den Schützen stellt sich das Gelände zunehmend anders dar, je weiter er sich vom Standplatz aus in Richtung Anschuss entfernt. Die veränderten Bezugspunkte im Gelände führen zu Irritationen bei der exakten Lagefeststellung des Anschusses. Verlässt der Schütze seinen Standplatz und folgt dem Gruppenführer unmittelbar, sind Zurückgreifen und Hin-und-Her-Laufen mit den bekannten Nachteilen für das Nachsuchengespann durch Verderben des Anschusses zumeist die Folge.

Bei der beschriebenen Vorgehensweise sind – so vorhanden – Schusszeichen und Kugelriss mit hoher Wahrscheinlichkeit zu finden, da Standplatz

Tipp

Traditionelle Brüche wie Anschussbruch und geäfterter Fährtenbruch sind zwar stilvoll, aber oft schlecht zu erkennen und wiederzufinden. Der Ort des ersten sicheren Pirschzeichens oder der Kugelriss sollte mit signalfarbenen Markierungsbändern, wie sie im Forstartikelhandel erhältlich sind, o. ä. markiert werden. Sie sind durch ihre Farbe und das Flattern im Wind bereits von weitem zu sehen, können leicht wieder entfernt und eingesteckt werden und darüber hinaus dem Nachsuchenführer evtl. ein weiteres Mal zum Verbrechen der Fluchtfährte an Wegeübergängen etc. dienen.

und Anschuss eine gerade Linie bilden. An deren einem Ende befinden sich Anschuss oder Kugelriss – es sein denn, der Schütze täuscht sich im Richtungswinkel, das Stück hat keinen Ausschuss oder es liegt tiefer Schnee. Hat der Gruppenführer den Anschuss bestätigt oder ist bei vermutlichen Fehlschüssen auch der Kugelriss gefunden, werden der Anschuss bzw. zur Sicherheit zunächst auch der Kugelriss verbrochen. Denn letzterer kann nicht nur durch ein Geschoss nach einem Fehlschuss, sondern auch nach einem Treffer durch einen verbleibenden Geschosskern verursacht werden. Die Vermutung eines Fehlschusses muss in jedem Fall noch anhand der Beobachtungen der Standnachbarn überprüft werden.

Der Anschuss wird *verbrochen*, wo zum ersten Mal sichere *Schusszeichen*, also Schnitthaare, Schweiß, Knochensplitter etc. oder der Kugelriss gefunden werden. Erst jetzt darf der Schütze zum Anschuss gerufen werden, um ihn in Augenschein zu nehmen. Dabei darf er nicht auf die Fluchtfährte treten und Schweißpartikel oder andere Pirschzeichen unnötigerweise verschleppen.

Ist ein Anschuss soweit geklärt, geht es weiter zum nächsten Schützen.

Die akkurate Anschusskontrolle ist für eine erfolgreiche Nachsuche außerordentlich wichtig und muss entsprechend sorgfältig durchgeführt werden. In ihr kommen das Maß und der Anspruch an die oft zitierte Weidgerechtigkeit tatsächlich zum Ausdruck!

▸ Bergen der Strecke

Sieht der Organisationsablauf vor, dass das erlegte Wild durch die Gruppen

zum Sammelplatz gebracht wird, sorgt der Gruppenführer für ein zügiges *Versorgen* und *Bergen* der Stücke. Hierbei muss er die erlegten Stücke auf die Anzahl der Treffer untersuchen und klären, ob sie dem Erleger vielleicht schon krank geschossen kamen.

Sind keine speziellen Bergetrupps eingeteilt, wird das Wild vom Gruppenführer und den Schützen zum Weg vorgezogen.

Wird am Erlegungsort aufgebrochen, muss der Aufbruch so entsorgt und dieser Platz so hinterlassen werden, dass Waldbesucher daran keinen Anstoß nehmen können. Dies gilt besonders an Wanderwegen und generell in Erholungsgebieten.

Ist eine Truppe mit Wildwagen zum Einsammeln bereitgestellt, wird das Wild so an den Weg vorgezogen, dass es problemlos gesehen und aufgeladen werden kann.

▸ Schussmeldebögen, Streckenliste

Vor der Abfahrt zum Sammelplatz trägt der Gruppenführer sämtliche Informationen zu allen Schüssen aus seiner Gruppe in den Schussmeldebogen ein. Es ist zweckmäßig, dies jetzt zu tun, denn am Sammelplatz löst sich die Anstellgruppe auf, und die Informationen

Schussmeldungen abgeben und Nachsucheneinteilung: Wichtige Arbeitsschritte nach dem Treiben, die gewissenhaft und reibungslos erledigt werden müssen.

werden sofort für die Zusammenstellungen benötigt.

Am Sammelplatz angekommen, geben die Gruppenführer ihre *Schussmeldebögen* unverzüglich und unaufgefordert bei der Jagdleitung oder einer dafür vorgesehenen Person ab, damit anhand dieser Notizen die Strecke ermittelt und die Anschüsse vorab beurteilt werden können.

Die Streckenmeldungen überträgt man sinnvollerweise namentlich in eine *Streckenliste*, um die Schützen beim Streckelegen dann persönlich zu ihrem Weidmannsheil beglückwünschen zu können. Hat jemand mehrere Stücke und zudem von verschiedenen Wildarten erlegt, sollte man zusammenfassen, damit man beim Verteilen der Brüche nicht durcheinander gerät und der Schütze nicht mehrfach aufgerufen wird. Zieht man es allerdings vor, die Wildarten der Reihe nach durchzugehen und einzeln aufzurufen, wird sich der jeweilige Schütze mehrmals zur Jagdleitung bemühen müssen, um jeweils seinen Bruch abzuholen. Man kann sich hier nach den unterschiedlichen regionalen Gepflogenheiten richten, und es bleibt letztlich der Jagdleitung überlassen, wie sie hier vorgeht (s. unten, Streckelegen).

▸ Zur Nachsuche die besten Hunde

Die Jagdleitung oder die dafür vorgesehene Person fasst die Nachsuchen in einer *Nachsuchenliste* zusammen, die die Grundlage für Beratungen und die weitere Vorgehensweise darstellt.

Sind erfolgversprechende Nachsuchen am Jagdtag nicht mehr durchführbar, sollte später nach dem Streckelegen oder abends beim Schüsseltreiben anhand dieser Liste die Einteilung der Nachsuchengespanne für den folgenden Tag erfolgen.

Nachsuchen auf Bewegungsjagden sind von besonderer Schwierigkeit! Verleitungen, andere Anschüsse und Aufbrüche können die Nachsuchen außerordentlich erschweren. Aus diesem Grunde sollten auf Bewegungsjagden grundsätzlich immer nur wirklich erfah-

Tipp

Es ist zweckmäßig und beschleunigt die Organisation der Nachsuchen erheblich, wenn in den größeren Anstellgruppen ein erfahrenes Nachsuchengespann integriert ist. Die Kontrolle der Anschüsse durch den Spezialisten bereits beim Abholen auf dem Standplatz trägt maßgeblich Zeitersparnis und insbesondere zur Vermeidung unnötiger Fahrzeiten bei.

rene Hunde zum Einsatz kommen, das gilt insbesondere dann, wenn die Pirschzeichen eine kurze Nach- oder Totsuche nicht erwarten lassen. Nur mit entsprechender Erfahrung und Nachsuchenpraxis ist ein Hund in der Lage, die Wundfährte trotz der Schwierigkeiten sauber und zuverlässig zu arbeiten.

▶ **Nachsucheneinteilung**

Wie geht man nun vor? Die Untersuchung des Anschusses oder eine begrenzte Ansuche auf der Krankfährte sollte mit dem erfahrensten verfügbaren Hund erfolgen und dient dazu, dem Schweißhundführer Klarheit über den Sitz der Kugel zu verschaffen. Ergibt die Beurteilung, dass der Schuss tödlich ist, ist eine Nachsuche noch am gleichen Tag erfolgversprechend. Alle anderen Nachsuchen, insbesondere wenn sie eine Hetze erwarten lassen, muss man dagegen auf den nächsten Tag verschieben. Nachsuchen auf Stücke mit ver-

Anschussmeldungen und ihre Beurteilung

Die Beurteilung der Anschussmeldungen ist schwierig und verlangt viel Erfahrung! Am besten wird der Nachsuchenbereich in die Verantwortung eines ortskundigen, erfahrenen Nachsuchenführers gegeben.

Vorab muss der sich einen Überblick darüber verschaffen, wie viele Anschüsse vorliegen und wie viele nach der gewissenhaften Beurteilung der Gruppenführer nochmals genauer untersucht werden müssen. In der Regel benötigt er Detailinformationen der Gruppenführer und ggf. der Schützen, um zu entscheiden, ob eine Nachsuche noch am selben Tag in Angriff genommen, oder ob sie auf den nächsten Tag verschoben wird. Zu diesem Zeitpunkt muss man zunächst immer von einer erforderlichen Nachsuche ausgehen. Die vergleichende Beurteilung der Notizen verschiedener Schützen – auch aus verschiedenen Gruppen – kann hier sehr hilfreich sein.

Auf Wild, das am Anschuss nicht zeichnete, beim Nachbarschützen aber bereits deutlich krank ankam und ggf. von diesem oder einem anderen dann auch noch erlegt werden konnte, braucht keine Nachsuche angesetzt zu werden, wenn sich Stück und Schuss zweifelsfrei zuordnen lassen. Aus diesem Grunde ist die Feststellung der Treffer auf dem Stück und die Zuordnung der Schüsse, soweit dies geht, ausgesprochen wichtig. Dies ist aber nur möglich, wenn zum einen die Beobachtungen exakt notiert wurden und zum anderen die Standplatzformulare und -karten gleich nach dem Treiben gewissenhaft durchgesehen werden. Bleiben Zweifel bei der Zuordnung, klärt eine unverzichtbare Kontrollsuche den Sachverhalt zumeist schnell auf.

Alle Szenarien können hier nicht entwickelt und beschrieben werden – dafür ist das jagdliche Geschehen zu vielfältig und unvorhersehbar, aber es ist stets zu kontrollieren, ob eine Totsuche (dann am selben Tag) oder eine Hetze (dann am nächsten Tag) zu erwarten ist!

mutlichen Lauf- und Äserschüssen und allen Knochenschüssen schlechthin können sich sehr langwierig gestalten. Dies gilt zumeist auch für geringe Weidwund- und Wildbretschüsse. Die Erfolgsaussichten solcher Nachsuchen sind am Folgetag größer und es besteht kein Zeitdruck wegen der nahenden Abenddämmerung.

Der für die Durchführung der Jagd verantwortliche Personenkreis sollte sich für diese wichtigen Klärungsgespräche etwas von der übrigen Jagdgesellschaft zurückziehen, damit die hieraus resultierenden Entscheidungen konzentriert und effektiv getroffen werden können.

▶ Fehlende Hunde

Fehlen am Ende des Treibens noch Hunde, ist es auf jeden Fall sinnvoll, zuerst mit dem Hundeführer zum Sammelplatz zurückzukehren und ihn, der oft ortsunkundig ist und den Weg zum Sammelplatz allein nicht finden würde, nicht im Wald zurückzulassen.

Tipp

Bevor ein Jäger, dessen Hund am Ende des Treibens noch nicht wieder da ist, seinen Stand verlässt, sollte er unbedingt irgendeinen dem Hund vertrauten Gegenstand wie den Rucksack, eine Jacke oder eine Decke am Platz zurücklassen. Oft bleiben Hunde nach ihrer Rückkehr dann bei diesem Gegenstand und können dort bei der Suche einfach abgeholt werden.
Ist der Hund noch jung, muss der Führer aber immer auf ihn warten.

Oft befindet sich der Hund auch schon am Sammelplatz, weil er von anderen Jägern mitgenommen wurde, was gerade deshalb ja eine Forderung der Ansprache der Jagdleitung ist. Außerdem wird der Gruppenführer zum Melden der Schüsse dringend am Sammelplatz gebraucht. Nachdem er dieser Verpflichtung nachgekommen ist und falls niemand den Hund mitgebracht hat, kann der Gruppenführer nun mit dem Hundeführer zur Suche nochmals an dessen Einsatzort fahren.

Insgesamt sollte die Jagdleitung nach dem Treiben auf einen zügigen Ablauf der anstehenden Aufgaben hinwirken und kein „Verzetteln“ zulassen.

▶ Zentrales Aufbrechen

Der zweite große Bereich, um den es sich nach der Jagd zu kümmern gilt, ist die *Wildversorgung*. Ihr kommt bei Bewegungsjagden eine ganz besondere Bedeutung zu, grundlegende Ausführungen hierzu befinden sich im Planungskapitel. Hier soll nur kurz auf den praktischen Ablauf am Jagdtag eingegangen werden. Wird am Ende der Jagd zentral aufgebrochen, bietet das Jagdlehrlingen und Jungjägern die Möglichkeit, dabei zu assistieren und sich sachkundig zu machen. Immer ist sicherzustellen, dass sowohl die fleischhygienerechtlichen Vorschriften wie auch die tierseuchenrechtlichen Bestimmungen gewahrt werden.

Liegen tierseuchenrechtliche Restriktionen vor, wird die entsprechende Wildart in der Regel immer zentral aufgebrochen, um einerseits bei positivem Befund eine weitere Verbreitung zu vermeiden oder einzugrenzen und andererseits die Probenentnahmen kontrolliert und vorschriftsmäßig abwickeln zu können.

Fleischygiene und Tierseuchenrecht

Muss Wild in Seuchenüberwachungsgebieten beprobt werden, sind hierfür die entsprechenden Vorbereitungen zu treffen. Schon im Vorfeld der Jagd wird hierfür eine Person benannt, die dafür verantwortlich zeichnet, dass die Proben korrekt genommen, verpackt und vorschriftsmäßig versandt werden.

Ist die unmittelbare Vermarktung an Dritte vorgesehen, nimmt der bestellte Veterinär oder Fleischbeschauer die Trichinenproben vom Schwarzwild vor Ort. Wird die Strecke an einen Wildbrethändler veräußert, werden ihm die fleischhygienerechtlichen Verpflichtungen übertragen (s. Kap. „Die rechtliche Seite“). Bezüglich der Verwertung durch den Erleger bzw. dessen traditionellem Erstanspruch bei Verzicht des Jagdausübungsberechtigen auf das Stück sollte man sich vorher mit dem Wildhändler absprechen.

Fachgerechtes Aufbrechen, im Zweifelsfall unter Anleitung, ist oberstes Gebot der Wildbrethygiene. Bei tierseuchenrechtlichen Restriktionen sollte es immer zentral erfolgen

Hat man ein Gestell zum Aufhängen des Wildes, kann man nun die Stücke zum Auskühlen des Wildbrets vor dem Streckelegen daran aufhängen. Spreizt man die Rippen mit einem sauberen Stück Holz, fördert dies die Auskühlung zusätzlich.

Eine geeichte Waage für eine Direktvermarktung und ausreichend sauberes Wasser zur Säuberung des Wildbrets und der Hände sind bei funktionierender Organisation ebenfalls vor Ort. Die Waage muss an einem Baum oder am Wildgestell so aufgehängt werden, dass eine korrektes Verwiegen sichergestellt ist.

Streckelegen

Nach der Wildversorgung wird die Strecke gelegt. Es empfiehlt sich, auch hierfür Personen zu benennen, die sich damit auskennen und eigenverantwortlich dieser Aufgabe annehmen.

Krönender Abschluss

Das *Streckelegen* ist ein sehr alter Brauch und wird schon 1719 bei dem kursächsischen Oberforstmeister Hans Friedrich von Fleming in seinem grundlegenden Werk „Der vollkommene Teutsche Jäger“ erwähnt. Aber unbeachtlich der individuellen Wertschätzung des jagdlichen Brauchtums stellt das Streckelegen den krönenden Abschluss des Jagdtages dar. Die Strecke ist der Lohn der seit Monaten laufenden Vorbereitun-

Vor dem Strecke legen aufgehängt, kühlt und schweißt das Wild besser aus. An Wildgestelle muss schon bei der Planung gedacht werden.

gen zu dieser Jagd. Schon wegen der eingesetzten Energie und Mühe und nicht nur aus Gründen des Brauchtums ist es der Sache voll und ganz angemessen, wenn die Strecke ordentlich gelegt wird und die Jagd so einen geziemenden Ausgang findet.

Im Folgenden wird der Zielrichtung und dem Charakter einer Bewegungsjagd entsprechend von einer gemischten Strecke mit maßgeblichem Hochwildanteil ausgegangen. Hierbei wird der gängigen Praxis gefolgt, wie sie auch in der einschlägigen Jagdfachliteratur beschrieben ist.

▸ Wie wird Strecke gelegt?

Das Wild wird auf die rechte Körperseite gelegt. Traditionsgemäß kommt Hochwild vor Niederwild, männliches Wild vor weiblichem Wild, weibliches Wild vor Jungwild. Für jede Hochwildart und Rehwild wird eine neue Reihe gelegt. Das stärkste Stück kommt an den rechten Flügel der Strecke, d. h. in der ersten Reihe liegt das stärkste Stück der jeweiligen Wildart als erstes oben an. Jedes zehnte Stück wird um eine halbe Körperlänge vorgezogen. Wie viele Stücke man in eine Reihe legt, hängt letztlich vom Umfang der Strecke ab. Bei Hochwild sollten nicht mehr als 10 bis 20 (z. B. Rotwild) und 20 bis 30 (z. B. Frischlinge) Stück in einer Reihe liegen. Dasselbe gilt für Rehwild. Andere Niederwildarten, von denen nur wenige Stücke erlegt wurden, können auch in einer Reihe zusammengefasst werden, indem man die nachfolgende Wildart jeweils anschließt. Raubwild kommt separat in einer eigenen Reihe hinten an. Für ein harmonisches Gesamtbild der Strecke sollte man die Größenunterschiede und Proportionen der einzelnen Wildarten berücksichtigen.

▸ Brüche

Alles erlegte Schalenwild erhält einen *Wildbruch* (Inbesitznahme- oder Streckenbruch) wobei dieser bei männlichem Wild mit dem gebrochenen Ende, bei weiblichem Wild mit der gewachsenen Spitze in Richtung des Hauptes zeigt, männliches Wild erhält zusätzlich einen Bruch quer durch den Äser, den „letzten Bissen“.

Liegt die Strecke, wird das Signal „Sammeln der Jäger“ geblasen, und es folgen die Bekanntgabe der Strecke und das Überreichen der Erlegerbrüche.

▸ Aufstellung und Bekanntgabe der Strecke

Nach dem Signal versammeln sich die Jäger um die Strecke. Jagdherr und ggf. benannte Jagdleitung stellen sich vor der Strecke an deren rechtem Flügel so auf, dass sie dem stärksten erlegten

Rotwild vor Schwarzwild vor Rehwild – so wird Strecke gelegt. Jetzt fehlen noch Inbesitznahmebrüche und „letzte Bissen".

Stück Wild mehr oder weniger gegenüber stehen. Hinter ihnen stehen die Schützen.

Hinter der Strecke, an deren rechtem Flügel bzw. dem stärksten Stück beginnend, stehen die Bläser, dahinter traditionell die Treiber und sonstige Hilfspersonen, die an der Jagd teilgenommen haben. Sind keine Treiber vorhanden, was bei der hier vorgestellten Jagdform die Regel ist, bleibt dieser Platz leer, denn der Jäger mit dem Hund reiht sich als Jäger hinter der Jagdleitung ein. Soweit sollen diese Ausführungen an dieser Stelle genügen.

Es folgt nun abschließend die *Bekanntgabe* der Strecke sowie eine *Würdigung des Jagdtages* durch die Jagdleitung. Hierbei ist es üblich, dass der ggf. bestellte Jagdleiter dem Jagdherrn die Strecke meldet. Ob nun der Jagdleiter das meist fachlich gehaltene und evtl. auch kritische Resumée des Jagdtages zieht und das Wort zum Überreichen der Brüche wieder an den Jagdherrn übergibt oder ob einer von beiden den gesamten Part übernimmt, bleibt der internen Absprache überlassen.

▸ Schlussworte

Die Abschlussrede an der Strecke sollte aber einige Kernpunkte enthalten. Nach einem kurzen allgemeinen Rückblick auf den Jagdtag, dessen Ablauf und besondere Begleitumstände müssen nun noch offene Fragen geklärt werden. Dies gilt besonders für bis dahin noch ungeklärte Schüsse. Fehlen noch Hunde, gilt hier das Gleiche. Wird es gewünscht, dass sich die betreffenden Schützen an den am folgenden Tag durchzuführenden Nachsuchen beteiligen, sollte dieses nun kurz angesprochen werden.

Abschließendes Resumée der Jagdleitung: Nicht nur wohlklingende Worte, sondern auch Kritik, wo nötig, sind hier angebracht.

In der abschließenden Würdigung der Jagd bedanken sich Jagdherr oder Jagdleitung nun bei allen, die zum Gelingen der Jagd beigetragen haben. Hierbei darf es je nach Witterung und Engagement auch zu deutlichen Gewichtungen kommen. Man darf die Hundeführer – ohne die eine solche Jagd natürlich überhaupt nicht denkbar wäre – nicht vergessen, aber so etwas kommt vor.

Ist sauber angesprochen und gut geschossen worden, sollte man die gute Disziplin positiv hervorheben. Ergebnisse von zwei Schuss je erlegtem Stück oder besser können als gut angesehen werden (s. Kasten Seite 52).

Liegen hingegen nicht freigegebene Stücke auf der Strecke, ist miserabel geschossen und Wild auch zerschossen worden, sollte auch dieses kritisch bedacht werden. Wie weiter oben dargestellt, sollte der Jagdleiter sich hierzu schon vorher seine Gedanken gemacht haben und deshalb hier ohne Ansehen der Person Klartext reden und keine Unterschiede machen. Keiner ist davor gefeit, dass ihm bei einer Gesellschaftsjagd einmal ein Irrtum unterläuft und ein falsches Stück auf der Strecke liegt. Man sollte deshalb Kritik vor der versammelten Jägerschar immer mit Maß und Ziel anbringen, bei wiederholtem oder notorischem Fehlverhalten muss sie dann aber auch durchaus deutlicher ausfallen.

Bruchübergabe

Ist das Wesentliche gesagt, kommt der Jagdleiter zum Überreichen der *Erlegerbrüche*. Hierzu ruft man die Schützen namentlich auf und gibt bekannt, was der Schütze erlegt hat und wofür er den Bruch erhält. Dem Brauchtum folgend, überreicht man diesen mit dem gebrochenen Ende in Richtung des Erlegers auf dem gezogenen Hut oder auf der blanken Waffe, mit kräftigem Händedruck und einem herzlichen „Weidmannsheil“. Der Schütze übernimmt den Bruch mit Handschlag und gezogenem Hut, bedankt sich üblicherweise mit dem Ausspruch „Weidmannsdank“ und steckt den Bruch an die rechte Seite seines Hutes.

In der Reihenfolge geht man hier analog zum Legen der Strecke vor, beginnt also beim ranghöchsten Wild und schreitet so fort bis zum Niederwild, das heißt bis zum Fuchs einschließlich.

Nach überliefertem Brauchtum erhält beim Kugelschuss der erste beteiligte Jäger den Bruch, – mancherorts aber derjenige, der das Wild letztlich zur Strecke gebracht hat.

▸ Wem „gehört“ das Stück?

An dieser Stelle sollte noch die Frage angeschnitten werden, wem ein Stück zugesprochen wird, wenn es von mehreren Jägern beschossen wurde. Aus traditioneller Sicht gilt für den Kugelschuss, dass das Stück demjenigen Jäger zugesprochen wird, der den ersten Schuss angebracht hat, durch den das Stück im Feuer liegt oder bei einer Nachsuche erfahrungsgemäß zur Strecke gekommen wäre. Wird ein angeschweißtes Stück nochmals, unter Umständen mehrfach und zudem noch schlecht beschossen, sollte die Jagdleitung im Sinne einer weidgerechten Jagdausübung erwägen, hiervon abweichend demjenigen das Stück zuzusprechen, der es tatsächlich erlegt hat, der also den letzten tödlichen Schuss antrug. Hierbei würde sich die Weidgerechtigkeit weniger am Brauchtum als am Wild orientieren. Diese Praxis erzieht nicht nur zu sauberem und diszipliniertem Schießen, sie hat auch historische Vorbilder. Bei den eingestellten Jagen galt früher derjenige als Erleger, der dem Stück Wild die letzte, tödliche Kugel angetragen hatte.

Tipp

Ob der Jagdleiter einem erfolgreichen Schützen bei mehreren Stücken verschiedener Wildarten oder auch der gleichen Art einen oder mehrere Brüche überreicht, ist eine Frage des Geschmacks und der örtlichen Gepflogenheiten. Einen Bruch für jede erlegte Wildart zu überreichen, scheint vertretbar: Wird aber für jedes einzelne Stück ein Bruch überreicht, ähnelt zuweilen die Kopfbedeckung des erfolgreichen Jägers dann freilich oft eher einem Adventskranz als einem Hut.

▸ Der Dank an die Jagdleitung

Nach der Ansprache der Jagdleitung und dem Überreichen der Brüche ist es ein Gebot der Höflichkeit, dass einer der erfolgreichen Jäger hervortritt, um einige Worte des Dankes zu sprechen. Wer dieser Aufgabe nachkommt, hängt zuweilen von regional üblichen Gebräuchen ab. Oft wird dieses vom Erleger des aus traditioneller Sicht ranghöch-

Tipp

Der Abschluss der Jagd und insbesondere das Verblasen der Strecke und das Überreichen der Brüche wird im Ablauf unterschiedlich gehandhabt und ist auch in der jagdkundlichen Literatur unterschiedlich beschrieben. Die Brüche können sowohl erst nach jedem Totsignal für die verschiedenen Wildarten überreicht werden oder aber davor, sodass die Strecken anschließend geschlossen verblasen wird. In diesem Kapitel wurde der zuletzt genannten, vielfach üblichen Verfahrensweise gefolgt, ohne den Anspruch auf Richtigkeit erheben oder eine Bewertung vornehmen zu wollen. Brauchtum ist historisch gewachsen und wurde auch vom Lokalkolorit in unterschiedlicher Form geprägt. Es kann eine Jagd stilvoll ausschmücken, sollte aber niemals Selbstzweck sein und übertrieben werden.

Das Verblasen der Strecke bezeugt Ehrfurcht vor dem Wild und gehört dazu.

sten Stückes erwartet, bei fehlender Differenzierung nach Altersklassen innerhalb der höchstbewerteten Wildart auch von demjenigen, der hiervon die meisten Stücke erlegt hat. Es ist aber auch üblich, dass der älteste oder angesehenste der Jagdhonoratioren oder ein offizieller Vertreter einer Behörde oder eines Verbandes, wie beispielweise ein Jagdreferent oder Jagdfunktionär, dieses Amt übernimmt. In diesen Dankesworten muss ein Lob für alle, die am Erfolg der Jagd beteiligt waren, enthalten sein. Die Mühen und Anstrengungen vor der Jagd sind es durchaus wert, dass die einzelnen Helfergruppen hierbei auch hervorgehoben werden. Diszipliniertes Verhalten und gutes Schießen der Schützen sollten erwähnt werden. Ist es zu schwerwiegendem Fehlverhalten gekommen, steht es dem Redner auch zu, dieses zu kritisieren. Die Dankesworte können auch erst nach den Totsignalen, sollten aber in jedem Fall vor den Signalen „Jagd vorbei“ und „Halali“ gesprochen werden.

▸ Das Verblasen der Strecke

Nach dem Überreichen der Brüche gibt der Jagdleiter das Zeichen zum Verblasen der Strecke. Die Reihenfolge folgt auch hier der gelegten Strecke vom Hochwild zum Niederwild. Nach den Totsignalen für die einzelnen Wildarten folgen die Signale „Jagd vorbei“ und „Halali“. Vielerorts ist es auch üblich, „Zum Essen“ zu blasen, andernorts ist dies verpönt. Für den Jagdhornbläser ist es hingegen ein Stück, auf das er sich regelmäßig freut, kann er diesem Signal in gekonntem Vortrag doch einen gewissen Anspruch abgewinnen.

Erst, wenn nicht direkt vermarktetes Wild in der Kühlkammer hängt, sind auch die Pflichten der Jagdleitung erledigt.

▸ Noch immer ist etwas zu tun

Die Jäger streben nun dem letzten Treiben, dem Schüsseltreiben zu, für die Jagdleitung aber ist die Jagd noch immer nicht vorbei. Das Wild muss in Wild- und Kühlkammern verbracht oder aber gleich vermarktet werden. Wurde zentral aufgebrochen, ist der Aufbruch zu entsorgen. Liegen tierseuchenhygienische Auflagen vor, ist auf die vorschriftsmäßige Entsorgung des Aufbruchs und die Desinfektion und Reinigung des Aufbruchplatzes besonders zu achten.

Wenn diese letzten Arbeiten ordentlich erledigt sind, kann sich nun auch die Jagdleitung dem letzten Treiben anschließen und sich beim Schüsseltreiben in geselliger Runde von den Strapazen des Jagdtages erholen.

Das „Verblenden" des Aufbrechplatzes kann in Revieren mit hohem Besucherverkehr sinnvoll sein, eine tadellose Schlussreinigung ist immer Pflicht!

Die Ausrüstung – was braucht man wirklich?

von Eberhard Eisenbarth

Bekleidung und Zubehör

Es würde den Rahmen dieses Buches sprengen, wollte man hier erschöpfend der Frage der Ausrüstung nachgehen. Wie in der Überschrift schon zum Ausdruck kommt, wird im Folgenden deshalb nur kurz darauf eingegangen, was man sich für eine Bewegungsjagd sinnvollerweise zulegen sollte. Der Schwerpunkt liegt hierbei auf einer zweckmäßigen und in der Praxis bewährten Ausrüstung. Daneben bestimmen natürlich individuelle Erfahrungen und Neigungen die Ausstattung des einzelnen Jägers. Grundsätzlich ist zu unterscheiden zwischen den Anforderungen eines Standplatzschützen an die Ausrüstung und denen eines Hundeführers.

▸ Bekleidung für den Standschützen

Der Jäger, der einen festen Standplatz während der Jagd einnimmt, muss oft sehr lange stehen, was zur Ermüdung führt und bei Kälte und unzweckmäßiger Kleidung auch sehr unangenehm werden kann.

Gegen Kälte hilft warme, moderne Funktionsbekleidung recht gut. Gerade aus dem Wintersportbereich gibt es hier sehr empfehlenswerte Unterwäsche. Zu viele Lagen Oberbekleidung machen unbeweglich und behindern den gewohnten flüssigen Anschlag – Fehlschüsse sind die Folge. Eine wichtige Forderung an die Bekleidung ist Geräuschlosigkeit. Sie gewährleisten konventionelle Baumwoll- und Wollstoffe ebenso wie moderne Faserpelz- und Fleecematerialien.

Gegen Regen und Schnee schützen neben bewährten Textilien, wie Lodenumhang oder wasserdichte Spezialgewebe in der Oberbekleidung, sehr wirkungsvoll die seit kurzem im Handel erhältlichen modernen Kunststoff-Strickgewebemischungen. Diese absolut wasserdichten, mit einer Kunststoffmembran beschichteten Spezialgewebe sind ausgesprochen widerstandsfähig, aber dennoch elastisch, sehr leicht und angenehm zu tragen. Sie sind aufgrund ihrer weichen Oberflächenbeschaffenheit außerdem auch fast geräuschlos, wenngleich der traditionelle Loden hierin unschlagbar ist. Lodenstoff hält den Regen zwar auch recht lange fern, bei entsprechender Regenstärke und Dauer des Treibens dringt die Feuchtigkeit dann irgendwann aber doch langsam durch.

Die nach der UVV Jagd § 4 (12) auch für Schützen obligatorische Signalbekleidung ist bereits mehrfach angesprochen worden.

Was trägt der Jäger mit dem Hund?

Für den Hundeführer auf dem fest zugewiesenen Standplatz gilt im Grundsatz das Gleiche, wie für den Jäger ohne Hund. Er sollte aber auf jeden Fall nicht nur ein Hutband, sondern eine Signalweste oder andere großflächige Signalbekleidung tragen. Falls er im Notfall Hunden zur Hilfe kommen und folglich seinen Stand verlassen muss, trägt er diese Signalbekleidung dann bereits und kann sie im Eifer des Gefechtes auch nicht vergessen.

Der Jäger mit dem Hund, der sich im Treiben bewegt, stellt andere Anforderungen an zweckmäßige Bekleidung. Da man zuweilen durch dichte Nadelholzeinstände, Hecken und auch Dornen muss, sollte die Wahl vor allem auf robuste und widerstandsfähige, aber trotzdem möglichst leichte Bekleidung fallen. Sind die Einstände nass, regnet oder schneit es, ist wasserdichte Regenbekleidung sehr wichtig, da durch den dauernden Kontakt Nässe um ein Vielfaches schneller eindringt. Moderne Kunststoffmembranen halten Nässe hierbei am zuverlässigsten fern.

Für den beweglichen Hundeführer ist die großflächige Signalbekleidung das mit Abstand wichtigste Bekleidungsstück. Ein Hutband genügt hier keineswegs! Als absolutes Minimum ist eine Signalweste anzusehen. Die im Berufsbekleidungsfachhandel erhältliche Auswahl an zweckmäßiger Signalbekleidung, die für gefährliche Arbeiten auf Baustellen oder im Verkehr entwickelt wurde, bietet relativ viele Möglichkeiten, sich optisch von der Umgebung abzuheben. Sicherheit und Zweckorientierung der Bekleidung haben Vorrang vor einer jagdlich-traditionellen Ausrichtung.

Tipp

Auch moderne „atmungsaktive" Textilien sind nicht in der Lage, die Transpirationsfeuchtigkeit vollständig nach außen abzuleiten – besonders bei hoher Luftfeuchtigkeit funktioniert das nur noch schlecht. Besser als zu viel wärmende Oberbekleidung anzuziehen, ist es, nach dem „Zwiebelschalenprinzip" vorzugehen und verschiedene Lagen funktioneller Sportbekleidung und Sportunterwäsche zu tragen.

Ist man von innen nass geschwitzt, sollte man sich nach dem Treiben umziehen und hierfür Reservekleidung mitnehmen.

Signalhalsband für den Hund

Der stöbernde Hund muss zu seiner eigenen Sicherheit eine auffällige Signalhalsung tragen. Hier gibt es verschiedene Hersteller und – vom dehnbaren Gummihalsband bis zu verschiedenen Kunststoffbändern mit Gummizug oder Klettverschluss – verschiedene Modelle. Ideal sind Signalhalsbänder, auf denen mit wasserfestem Stift Name und Telefonnummer des Führers geschrie-

Die Ausrüstung muss zweckmäßig sein. Was ein „Kleinteilen" im Rucksack mitgeführt wird, hängt auch von den individuellen Bedürfnissen des Jägers ab.

ben werden können. Geht der Hund verloren, bekommt man so in der Regel schnell Nachricht.

Das Signalhalsband muss so eng am Hals des Hundes anliegen, dass er sich damit nicht verfangen kann, darf ihn aber natürlich nicht würgen. Ein kleines Glöckchen an der Halsung erhöht die Sicherheit des Hundes zusätzlich und orientiert auch den eigenen Führer über die Arbeit des Hundes im engeren Umfeld (Dickungen!).

Außerdem sollte die Halsung auch einen Reflektorstreifen aufweisen, damit der Hund in der Dämmerung in Straßennähe frühzeitig auffällt. Für den Fall des Verlusts des Signalhalsbandes in dichtem Gestrüpp sollte man eine Reservehalsung mitnehmen.

▸ **Weiteres Zubehör**

Da das lange Stillstehen für die meisten Jäger ungewohnt ist, ermüdet so mancher mit zunehmender Dauer des Treibens. Wer hierfür anfällig ist, sollte sich einen Sitz mitnehmen. Stehend gelingen Mitschwingen und damit der Schuss auf flüchtiges Wild in der Regel besser. Muss der Jäger aufstehen, während sich Wild nähert, ist hierfür ein Augenblick zu wählen, in dem ihn das Wild gerade nicht eräugen kann. Das Bewegungssehen ist bei allen Wildarten hervorragend ausgeprägt, und rasches Aufstehen kann eine Chance vereiteln.

Weitere Ausrüstungsgegenstände, wie Taschenöfchen, Ersatzkleidung, Bergehilfen, Gummihandschuhe usw., sowie Proviant sind sehr von den persönlichen Erfahrungen und Gewohnheiten abhängig. Es empfiehlt sich aber auf jeden Fall, eine persönliche Checkliste über die Dinge zusammenzustellen, die man mitnehmen möchte und in den Rucksack gehören.

Die Optik

Wird ein Fernglas mitgenommen, ist dessen Lichtstärke kein Auswahlkriterium, da bei Tageslicht gejagd wird. Das Glas sollte eher leicht und handlich sein und über ein weites Sehfeld verfügen. Für das Ansprechen anwechselnden Wildes ist ein Fernglas aber zumeist ungeeignet, da hierzu meist keine Zeit bleibt.

Dies gilt besonders dann, wenn ein Rudel oder eine Rotte anwechselt und man hier selektieren muss. Während des Wechsels zwischen Glas und Waffe kann sich die Konstellation des Rudels verschoben haben und erneutes Ansprechen ist notwendig. Durch die veränder-

Ein leichtes Pirschglas tut es bei der Bewegungsjagd allemal. Oft bleibt nicht einmal für dessen Benutzung Zeit.

ten Positionen der einzelnen Stücke kann es leicht zu Fehlabschüssen kommen, wenn der Überblick verloren geht. Das Auf- und Absetzen des Fernglases stellt darüber hinaus eine zusätzliche Bewegung dar, die das Wild erkennen kann.

▸ Offene Visierung

Erfahrene Schützen schießen auf Bewegungsjagden oft über Kimme und Korn oder bedienen sich spezieller Zieloptiken für den flüchtigen Schuss. Unempfindlichkeit, schnelle Zielerfassung, Witterungsunabhängigkeit und uneingeschränkte Übersicht müssen als wesentliche Vorteile der offenen Visierung herausgestellt werden. Mittlerweile werden spezielle Fluchtvisiere angeboten: Deren speziell ausgeformte Kimmen, etwa als Dachkant- oder als durchbrochene Kimme, in Verbindung mit einem entsprechenden Korn sind für den Schuss auf flüchtiges Wild besser geeignet als klassische Visiere, wie etwa eine Schmetterlingskimme in Verbindung mit einem feinen Perlkorn oder die übliche Balkenvisierung.

Da auf Bewegungsjagden überwiegend auf kurze Entfernungen geschossen wird, sollte man von jedem Jäger einen treffsicheren Schuss über die offene Visierung bis auf eine Entfernung von 40 bis 50 Metern auf stehendes oder langsam ziehendes Wild erwarten dürfen. Mit zunehmendem Alter und der damit einhergehenden Einschränkung der Akkomodationsfähigkeit des Auges wird der Jäger aber irgendwann doch zu einer Zieloptik greifen müssen, da er die drei Ebenen Kimme, Korn und Ziel nicht mehr schnell genug erfassen und zusammenbringen kann.

▸ Zielfernrohre und Zielhilfen

Ansitzzieloptiken mit festen Vergrößerungen (6 – 12-fach) sind für Bewegungsjagden gänzlich ungeeignet. Sie sind zu schwer, unhandlich und verfügen über ein zu geringes Sehfeld. Ziel-

Tipp

Nach dem Glas greifen – das Glas an die Augen setzen – das Wild ausreichend ansprechen – das Glas wieder absetzen – das Gewehr mit beiden Händen greifen – in Anschlag gehen – das Stück in die Visierlinie bzw. womöglich in das montierte Zielfernrohr zu bekommen versuchen – schlussendlich einen sauberen Schuss loswerden: Schon die detaillierte Beschreibung der Handlungsabläufe dürfte verdeutlichen, dass in den meisten Situationen für langes Ansprechen durch das Fernglas die Zeit einfach nicht ausreicht.

Der Schuss durchs Zielfernrohr will in einer solchen Situation gelernt sein. Am besten gelingt eine rasche Zielerfassung über die offene Visierung.

fernrohre mit variabler Vergrößerung (1,5 – 6-fach) stellen hier einen Kompromiss dar, wenn sie bei niedriger Vergrößerung gleichzeitig über ein weites Sehfeld verfügen.

Spezielle Optiken für den Schuss auf flüchtiges Wild mit geringen, ggf. variablen Vergrößerungen (1–4-fach) und weitem Sehfeld sowie die modernen Rotpunktvisiere ermöglichen einen guten Überblick, können aber bei feuchter Witterung beschlagen. Wenn die Batterie leer ist, verlieren Rotpunktvisiere, die weder über eine Vergrößerung noch über ein Absehen verfügen, ihre Funktion völlig. Wichtig ist eine tiefe Montage der Zieloptik, damit ein schneller und flüssiger Anschlag möglich bleibt. Gerade wenn man zuvor jahrelang über die offene Visierung geschossen hat und einem die Waffe liegt, ist dies ein entscheidender Gesichtspunkt.

Für den Hundeführer, der sich im Treiben bewegt, ist die Waffe mit offener Visierung die erste Wahl. Sie reicht für den Fangschuss oder den Schuss auf gestelltes Wild auf kurze Distanz immer aus. Von optischen Zielhilfen muss hier abgeraten werden. Sie verschmutzen beim Einsatz im Gelände schnell, können durch Anschlagen an Bäume oder Felsen leicht beschädigt werden (Veränderung der Treffpunktlage!) und bei nassem Wetter sind Objektiv und Okular regelmäßig feucht oder beschlagen.

Die Waffen

Auf kombinierte Waffen wird im Folgenden nicht weiter eingegangen, weil sie mit Ausnahme des Bock- und Doppelbüchsdrillings in der Regel nur über einen Kugelschuss verfügen und daher für den Schuss auf Schalenwild – den Hauptwildarten bei der Bewegungsjagd – eher ungeeignet sind. Auf das Flintenlaufgeschoss wird weiter unten noch näher eingegangen. Da bei Bewegungsjagden in der Regel auf ziehendes oder

Tipp

Bei der Repetierbüchse, deren Schaftauslegung in der Regel den Aufbau eines Zielfernrohres berücksichtigt und durch Backe, Schweinsrücken oder Monte-Carlo-Effekt die Visierlinie über dem Lauf zusätzlich erhöht, muss man beim Schuss über die offene Visierung Kopf und Hals weiter nach vorne recken, um die durch Kimme und Korn vorgegebene niedrigere Visierlinie zu erreichen. Das bedeutet also, dass man mit dem gleichen Gewehr auf zwei verschieden Arten in Anschlag gehen muss, je nachdem, ob mit Zielfernrohr oder über offene Visierung geschossen wird. Da die auf Repetierbüchsen üblicherweise montierten Zielfernrohre mit Objektivdurchmessern ab 42 Millimetern durch ihr eingeschränktes Sehfeld und die großen Vergrößerungen für den Schuss auf flüchtiges Wild ungeeignet sind, sollte der Schuss über die offene Visierung auf Bewegungsjagden beherrscht oder aber eine zweite Zieloptik angeschafft werden, wie sie für den Schuss auf flüchtiges Wild entwickelt wurden.

flüchtendes Wild geschossen wird, ist eine grundlegende Voraussetzung für die Sicherheit im Umgang mit der Waffe und einen erfolgreichen Schuss, dass einem die Waffe für diese Art des Schießens liegt und uneingeschränkt vertraut ist. Die Bauart der Büchse ist nachrangig. Wer im Jahr nur einmal oder zweimal auf Bewegungsjagden eingeladen wird, muss sich keine teure Doppelbüchse anschaffen, wenn ihm seine seit jeher geführte Repetierbüchse hervorragend liegt und absolut vertraut ist! Mit einer vertrauten Waffe trifft man immer besser als mit einer, die nur ab und zu geführt wird.

„Königin" Doppelbüchse: Ihre Schäftung ist für den Schuss auf flüchtiges Wild mit offener Visierung ideal ausgerichtet.

▸ Die Vorteile der Doppelbüchse

Jagt man dagegen häufiger auf Bewegungsjagden, ist der Kauf einer Doppelbüchse aber durchaus in Erwägung zu ziehen. Ob man über- oder nebeneinander liegende Läufe bevorzugt, mag von der Gewöhnung an andere geführte Waffen wie Bockwaffen oder eben Drilling und Querflinte abhängen und ist sicherlich auch eine Frage des Geschmacks und der persönlichen Neigung. Der entscheidende Vorteil der Doppelbüchse ist nicht so sehr der schnelle zweite Schuss – der ist gerade bei dieser Waffe oft viel zu schnell draußen. Das wesentlich bedeutendere Plus ist ihre Schäftung, die – wie auch bei einer Flinte – für den Schuss auf flüchtiges Wild über die offene Visierung deutlich besser ausgelegt ist als bei einem Repetierer.

Der 98-er-Repetierer fasst vier Patronen im Patronenlager und ist eine viel geführte Waffe auf der Bewegungsjagd. Wenn er „passt", muss es nichts teureres sein.

„Die Läufe schießen, der Schaft trifft"

Dieser bekannte Spruch gilt besonders für den Schuss auf flüchtiges Wild und somit auch für die Doppelbüchse. Der klassische Schaft der Doppelbüchse ist für den Schuss über die offene Visierung in der Senkung niedrig gehalten, sodass man rasch und fließend in Anschlag gehen und sehr schnell das Ziel über Kimme und Korn oder die niedrig montierte Zieloptik erfassen kann. An die Schäftung sind bei einer Doppelbüchse vergleichbar hohe Anforderungen zu stellen wie an die Schäftung einer Flinte. Die Doppelbüchse hat einen weiteren Vorteil in ihrer spezifischen Balance. Das Mitziehen oder -schwingen ist mit dieser Waffe durch den anderen Schwerpunkt ungleich besser und flüssiger möglich, als mit einem Repetierer oder einer Selbstladebüchse. Das Zusammenspiel von Schäftung und Balance sind das Geheimnis für den Erfolg der Doppelbüchse in der Hand eines versierten Schützen. Der zweite Schuss ermöglicht dem Könner des Öfteren dann auch eine Doublette aus dem gleichen Rudel oder derselben Rotte. Eines darf man hierbei aber nicht vergessen: Es kommt immer noch auf den Schützen an, was er aus seiner Chance macht. Letztlich trifft nicht die Waffe, sondern derjenige, der sie führt, und zwar in genau dem Maße, wie er dieses Handwerk beherrscht.

Repetierer und Selbstladebüchsen

Für den Hundeführer, der sich im Treiben bewegt, ist die Doppelbüchse eher ungeeignet. Ein unterladener Repetierer ist hier zweckmäßiger, kann man diesen doch durch rasches Repetieren der unterladenen Waffe schussfertig machen.

Selbstladebüchsen sind rational betrachtet sicherlich ebenfalls hervorragend für die Bewegungsjagd geeignet, ihr Einsatz ist aber Geschmackssache. Von der Bauart her stehen sie dem Repetierer näher als der Doppelbüchse, und somit gilt für den Selbstlader Ähnliches.

Kaliberwahl – nicht zu schnell und nicht zu leicht

Die Kaliberfrage kann man schnell beantworten, wenn man sich auf Geschossdurchmesser über 7 mm und Geschossgewichte über 11 g verständigt. Rasante Kaliber oder Magnumpatronen sind für den Einsatz auf Bewegungsjagden weniger geeignet. Sie können auf die vergleichsweise kurzen Schussentfernungen ihre Energie nicht voll entfalten und bringen so nicht die erwünschte Wirkung. Dazu kommt, dass bei der Jagd im Wald immer Hindernisse wie Halme oder Ästchen in der Flugbahn vorkommen können, die aus der Distanz nicht erkennbar sind. Sie können die Flugbahn rasanter Geschosse aber entscheidend beeinflussen oder zu vorzeitiger Geschosszerlegung führen.

Die seit langem bewährten Kaliber .30-06 und 8x57 IS bzw. IRS im oberen Geschossgewichtsbereich sowie die Kaliber 9,3x62 bzw. 9,3x74R sind hervorragend geeignet für den Schuss auf ziehendes oder flüchtiges Wild bei Bewegungsjagden. Geschosse dieser Kaliber bringen auch bei flüchtigem Wild zumeist den wichtigen Ausschuss mit reichlichem Schweißaustritt, der erforderliche Nachsuchen erleichtert. Geringere Kaliber, die für den Schuss auf vertrautes und stehendes Wild durchaus geeignet sind, reichen für Bewegungsjagden nicht immer aus. Ungeeignete Kaliber führen bei unsauber angetragenen Schüssen und mangelhaften Ausschüssen oft zu erschwerten Nachsuchen. Kaliber mit Geschossen unterhalb der vorstehend empfohlenen Gewichts- und Durchmesserangaben sollten deshalb auf Bewegungsjagden nicht eingesetzt werden.

▸ Flintenlaufgeschosse sind keine gute Wahl

Von Flintenlaufgeschossen sollte man absehen, da diese aufgrund ihres ballistischen Verhaltens für den Schuss auf flüchtiges Schalenwild im Wald weniger tauglich sind. Die mangelhafte Präzision aus dem Flintenlauf und dazu noch das oft schlechte Zusammenschießen mit dem Kugellauf bei kombinierten Waffen sind nur zwei Gründe, die gegen diesen Geschosstyp sprechen. Zu diesen Nachteilen kommt die geringe Reichweite und die relativ langsame Geschwindigkeit des Flintenlaufgeschosses, die zu Abweichungen der Treffpunktlage auf dem Wildkörper und damit zu schlechten Schüssen und Wildbretentwertung führen kann.

Ein weiterer Nachteil des Flintenlaufgeschosses ist seine mangelnde Tiefenwirkung, insbesondere bei Knochentreffern. Sie resultiert aus der geringen ballistischen Querschnittsbelastung (Flächenlast) des Geschosses sowie der fehlenden Härte in Verbindung mit der relativ langsamen Geschwindigkeit. Nicht zuletzt sprechen aber auch Sicherheitsaspekte, vor allem das unkontrollierte Verhalten bei Querschlägern, gegen Flintenlaufgeschosse.

Weil sie sich nicht oder nur unwesentlich zerlegen und ihre Masse weitgehend behalten, stellen sie als Querschläger ein erhebliches Gefährdungsrisiko bei Fehlschüssen oder aber auch bei glatten Durchschüssen dar. Insbesondere von steinigem Untergrund und Felsen, aber auch an Bäumen können Flintenlaufgeschosse leicht abgelenkt werden.

▸ Kurzwaffen sind überflüssig

Die Kurzwaffe ist auf der Bewegungsjagd entbehrlich. Als Argument für die Kurzwaffe wird immer wieder ihr Einsatz an von Hunden gestelltem Wild angeführt. In Bewegungsjagden erfahrene, mit dem Hund jagende Jäger und auch der erfahrene Schweißhundführer werden dem vehement widersprechen.

Sicherheit muss für alle gelten, also auch für die vierbeinigen Jagdhelfer!

Kurzwaffen sind in der Anwendung nur schlecht gerichtet, d. h. es wird aus einer vergleichsweise instabilen Position, dem Handgelenk, heraus geschossen. Schon geringfügige Richtungsänderungen führen je nach Zielentfernung zu gefährlichen, nicht kalkulierbaren Winkeln bei der Schussabgabe.

Wenn Hunde krankgeschossenes Wild stellen und binden, liegt in der Regel nicht die Situation vor, die man auf dem Pistolenstand vorfindet. Die Geschehnisse können sich sehr dynamisch entwickeln und extrem schnell eine unvorhersehbare Richtung nehmen. Die Kurzwaffe ist hier gänzlich – und, wie schon mehrfach angemerkt, in der Regel auch die Langwaffe – fehl am Platze. Die Hunde werden durch den Schusswaffengebrauch immer einer extremen Gefährdung ausgesetzt, vom Knalltrauma ganz zu schweigen. Dass es auch anders geht, zeigen die nachstehenden Ausführungen.

Tipp

Die Langwaffe ist durch die Schaftkappe an der Schulter, durch eine Hand am Pistolengriff und eine Hand am Vorderschaft der Waffe an drei Punkten fixiert, die Kurzwaffe nur an einem einzigen. Allein hieraus ergibt sich, dass die Langwaffe zwangsläufig richtungsstabiler ist und einen gezielt gerichteten Schuss wesentlich besser gewährleistet, als die Kurzwaffe.

Die kalte Waffe

Das Abfangen mit der blanken Waffe sollte jedem Jäger geläufig sein, vor allem aber dem Jäger, der mit seinem Hund auf Bewegungsjagden jagt. Ein hierfür geeignetes Messer sollte über eine Parierstange und eine genügend breite und lange, sehr scharf geschliffene Klinge verfügen. Messer mit einer Klingenbreite von 3 bis 4 Zentimetern, einer Klingenlänge von 17 bis 20 Zentimetern und einer Klingenstärke von 4 bis 5 Millimetern sind durchaus geeignet zum Abfangen sämtlichen Schalenwildes, das in Mitteleuropa auf Bewegungsjagden vorkommt.

Eine wesentlich längere Klinge ist ungeeignet, da das Messer dann zu unhandlich wird und auch den Hund gefährden kann. Die beschriebene Breite hingegen ist als Untergrenze anzusehen und auch notwendig, um im Interesse steines möglich raschen Verendens des kranken Stückes Wild einen genügend großen Wundkanal zu schaffen, der Luft in die Kammer eindringen lässt. Durch den plötzlichen Lufteintritt kollabiert die Lunge sofort und fällt physiologisch aus. Dies führt zu einem raschen Sauerstoffentzug im Gehirn, was in Verbindung mit dem erheblichen Blutverlust dann einen sehr schnellen Tod zur Folge hat. Ein richtig abgefangenes Stück verendet in Sekundenschnelle.

Ein spezielles Messer zum Abfangen muss rasiermesserscharf sein und sollte nur hierfür eingesetzt werden. Es gibt nichts schlimmeres als ein Abfangmesser, das durch Äste abschlagen, Schlösser aufbrechen oder Wurst schneiden so stumpf geworden ist, dass es seinen eigentlichen Zweck nicht mehr bedingungslos erfüllen kann. Aus diesem Grunde sollte man zum Aufbrechen ein zweites Jagdmesser mit sich führen, das mit einer Klingenlänge von bis zu zehn Zentimetern hierfür besser geeignet ist.

Der Blattfang

Das schnelle Töten eines krankgeschossenen, von den Hunden gestellten Wildtieres durch den Blattfang wird den Aspekten des Tierschutzes gerecht und entspricht den Forderungen der §§ 1 und 4(1) des Tierschutzgesetzes, weil hierdurch dem Tier im Rahmen der weidgerechten Jagdausübung in dieser Situation nicht mehr als unvermeidbare Schmerzen zugefügt werden. Das früher vor allem bei Rehwild verbreitete Abnicken sollte nur der anwenden, der diese Technik perfekt beherrscht. Bei größeren Wildtierarten scheidet das Abnicken ohnehin aus.

Sollte jemand im Abfangen nicht kundig sein, muss er sich dies von einem hierin erfahrenen Jäger am toten Stück zeigen lassen. Glücklicherweise kommt man nur selten in die Situation, von der blanken Waffe Gebrauch machen zu müssen. Es handelt sich dann eigentlich fast immer um krank geschossene Stücke, die durch die Hunde gebunden werden. Wie bereits mehrfach erwähnt, verbietet sich hier ein Schuss wegen der Gefährdung der Hunde grundsätzlich strengstens. Jeder Jäger muss also darauf vorbereitet sein, in eine Situation zu gelangen, in der er ein Stück mit der kalten Waffe abfangen muss – insbesondere, wenn er mit dem Hund an Bewegungsjagden teilnimmt. Das Abfangen wird für bestimmte Situation zwar häufig empfohlen, aber kaum jemals beschrieben, wie man es zweckmäßigerweise durchführt. Aus diesem Grunde werden nachstehend einige Hinweise für das Verhalten und die Vorgehensweise in einer solchen Situation gegeben:

Die Technik des Abfangens

Stellen die Hunde krankes Wild, muss zunächst die entladene Waffe in ausreichendem Abstand abgestellt werden – und zwar so, dass man sie nachher auch in dichtem Bestand und oft aus größerer Entfernung wieder findet! Oft deckt sich der Ausgangsort des Geschehens nämlich längst nicht mit seinem Endpunkt.

Niemals nähert man sich dem Wild von vorne oder, am Hang, von unten, sondern versucht stets von hinten und ggf. der Hangoberseite aus heranzugelangen, damit man vom Stück möglichst lange nicht wahrgenommen wird. Bemerkt gestelltes Wild nämlich den Menschen, entwickelt es oft ungeahnte Energien und versucht entweder zu flüchten oder den Menschen anzunehmen. Hangaufwärts befindet man sich dann in einer besseren Ausgangssituation. Flüchtet das Stück mit den Hunden hangabwärts, kann man ihm leichter folgen. Der Angriff des Stückes hangaufwärts ist mühsamer und kann zumeist durch die Hunde, die ja dem Fortkommen des gestellten Stückes entgegenwirken, verhindert werden. Binden die Hunde das Stück zuverlässig, was man nach kurzer Zeit beurteilt haben sollte, gilt es, rasch und beherzt an das Stück heranzutreten und es abzufangen.

Sauen fasst man am besten mit der freien Hand kräftig an den Federn, drückt sie mit Knie und Körpergewicht gegen einen Baum oder in die Deckung – so vorhanden – und stößt das Messer hinter dem Ellenbogengelenk schräg nach vorne in Richtung Stich in die Kammer. Bei fehlender Deckung kann man das Stück je nach Größe auch durch das eigene Körpergewicht zu Boden drücken oder rittlings darüber stehend mit den Knien fixieren bzw. sich darauf setzen. Von welcher Seite aus abgefangen wird, ist unerheblich, da mit einem geeigneten Messer das Herz von jeder Seite zu treffen ist.

Ist der Stoß zum Herz nicht möglich, weil z. B. die Hunde diesen Bereich abdecken, ist es eben so schnell wirksam, mit dem Messer kurz hinter der Blattschaufel, etwa eine Handbreit unterhalb der Wirbelsäule mit schräg nach vorne gerichteter Klinge in die Kammer einzudringen und es fast gleichzeitig mit einem einzigen raschen Schnitt am Rippenbogen entlang nach unten zum Brustbein und Herzen zu führen. Man zieht das Messer nun aber nicht heraus, sondern öffnet den so entstandenen Schnitt unmittelbar, indem man das zu den Rippen parallel stehende Messer ggf. mit einer Drehung nach vorne drückt. Das muss sehr zügig erfolgen, um den Stress für das Stück zu minimieren! Durch die plötzliche und sehr schnelle Schweißentleerung der Kammer in Verbindung mit dem Zusammenfallen der Lunge brechen die so getroffenen Tiere schlagartig zusammen und verenden augenblicklich. Während des ganzen Vorgangs darf die andere Hand nicht loslassen, bis das Stück wirklich liegt. Diese sehr bewährte Vorgehensweise kann bis Überläufergröße empfohlen werden.

Bei *Rotwild* kommt das Abfangen gestellter Stücke noch seltener vor. Hier verringert eine Annäherung von hinten vor allem die Gefahr, von schlegelnden Läufen verletzt zu werden. Für den Blattfang in Herz und Kammer gilt im Grundsatz das Gleiche wie beim Schwarzwild, mit dem Unterschied, das man das Stück so nicht festhalten kann. Liegende Stücke drückt man vor dem Blattfang deshalb zweckmäßigerweise von hinten mit Knie und eigenem Körpergewicht herunter. Bei Hirschen ist wegen der Geweihenden besondere Vorsicht geboten! Steht das Stück, sind die rückseitige Annäherung und der sicher und zuverlässig stellende Hund ganz besonders wichtig.

Zu den kalten Waffen gehört traditionell auch die Saufeder, die in früheren Zeiten zur Erlegen von Schwarzwild gebräuchlich war, in der Gegenwart aber eigentlich keine Rolle mehr spielt. Da der Einsatz blanker Waffen heute zudem auf wenige Ausnahmesituationen beschränkt und glücklicherweise nur selten notwendig ist, wird auf die Saufeder hier nicht weiter eingegangen.

Service

Merkblatt Jagdtag

Tagesbeginn

- **Warnschilder** aufstellen, **Schranken** öffnen
- **Letztes Treffen** 1–1,5 Stunden vor der Jagd (JL und Helfer): Besprechung Jagdablauf, Parkeinweiser
- **Jagdbüro/Anmeldung** (2 Helfer): Anwesenheits- /Jagdscheinkontrolle, Kasse, Signalbekleidung, Ausgabe: Standplatznummern, -karten, -formulare

Signal Begrüßung (nach Rückmeldung Jagdbüro)

Ansprache der Jagdleitung

- **Begrüßung**: Kurzvorstellung Jagdablauf, Ort des Streckelegens und Schüsseltreibens
- **Uhrzeiten**: Beginn und Ende des Treibens, Uhrenvergleich
- **Sicherheitsbelehrung**: Beachtung der *UVV Jagd* – geladene *Waffen* nur auf dem Stand, entladene Waffen: offenes System bzw. gebrochene Läufe – *Kugelfang*: nur gewachsener Erdboden, Horizont beachten – *Signalkleidung* – *Schussabgabe*: Eigenverantwortung, Schuss nach Einweisung durch Gruppenführer u. Verständigung mit Nachbarn im zugewiesenen Schussfeld, nach dem Treiben nur Fangschüsse zulässig
- **jeder Schuss** ist zu melden – keine Weitschüsse – Minimierung der Wildbretentwertung – *Waldbesucher* beachten
- **Verweis auf Unterlagen:** Einträge in *Standplatzformulare* und *-karten* etc.
- **Verhalten am Stand**: ruhiges Angehen – Standplatzruhe (Hunde ggf. im Auto lassen) –Standplatz darf nicht verlassen werden bis zum Abholen durch Gruppenführer,
- **Anschusskontrolle** nur durch den Gruppenführer
- **gestelltes (krankes) Wild**: Aufgabe der Hundeführer, Abfangen bei Gefahr durch Schusswaffengebrauch
- **Wege** müssen frei bleiben!
- **Hunde** nach Treiben mitbringen – Hinweis auf Telefonnummern diensthabender oder auf anwesende *Tierärzte*

- **Wildbergung**, Hinweise (Mithilfe, Bergungstrupps)
- **Freigabe** nach denGrundsätzen: *keine führenden* Tiere, jung vor alt, gering vor stark)
- **Sonstiges**: Einschränkungen und Konsequenzen bei Missachtung der Vorgaben – letzte Fragen

Signal „Aufbruch zur Jagd"

- **Vorstellung Gruppenführer** und namentliche Schützenzuteilung (deutliche Anwesenheitsbestätigung)
- **Abrücken**: Gruppe sofort, Hundeführer ggf. später, Jagdleitung zuletzt
- **Vorbereitungen**: Wildversorgung – Feuer – Streckelegen: Grünreisig, Brüche

Nach dem Treiben (zügige Abwicklung!)
- **Standplatzkarten** zusammenfassen, **Schussmeldebögen** entgegennehmen
- **Schussmeldungen** mit Nachsuchenführer besprechen: Entscheidungen über Nachsuchen
- **Wildversorgung**: Probennahme – Säuberung – Waage – Aufbruchentsorgung
- **Fehlende Hunde**: Erkundigung und ggf. Suche veranlassen

Strecke legen
Wildarten in richtiger Reihenfolge – Inbesitznahmebruch, letzter Bissen – Schützenbrüche (Fi, Kie, WTa, Ei, Er)

Signal „Sammeln der Jäger"

An der Strecke
- **Aufstellung**: Jagdherr und Jäger vor der Strecke, Bläser hinter der Strecke
- **Rede Jagdherr/Jagdleiter**: Bekanntgabe der Strecke (ggf. Meldung der Strecke durch Jagdleiter an Jagdherrn) – Würdigung des Tages und Jagdablaufs – Dank an Helfer und Hundeführer, Würdigung der Disziplin (Fehlverhalten, Fehlabschüsse, Schussdisziplin etc.)
- **Klärung offener Punkte**: letztes Abfragen noch ungeklärter Schüsse – Aufforderung der fraglichen Schützen zur Beteiligung an den Nachsuchen (wenn gewünscht) – Frage nach fehlenden Hunden
- **Überreichen der Schützenbrüche** (Reihenfolge Hochwild – Niederwild)
- **Verblasen der Strecke** (Reihenfolge Hochwild – Niederwild)

Totsignale
Signale „Jagd vorbei" und "Halali"

Vor dem Schüsseltreiben
- **Verkauf** des Wildbrets bzw. **Abtransport** in Kühlkammer
- **Aufräumarbeiten:** Reinigung des Aufbrech- und Streckenplatzes, ggf. Entsorgung des Aufbruchs etc.
- **Organisation der Nachsuchen** (ggf. beim Schüsseltreiben detaillierter besprechen)

Merkblatt Planung (Jagdtermin Mitte November)

Frühjahr
- Terminabsprachen mit den Jagdnachbarn, Festlegung des Jagdtermins
- Entscheidung über Anlage und Größe der Jagd (Zahl der Treiben, Zahl der Schützen, Strategie)
- Reservierung der Hunde und Nachsuchengespanne
- Reservierung von Lokal und Bläsern (ggf.)

Sommer
- Festlegung des Treffpunktes (Parkplätze, Erreichbarkeit)
- Versenden der Einladungen nach den Sommerferien/Urlaubszeit
- Organisation der Hilfsmannschaft
- Kontakt Wildbrethändler
- Bauen/Vorbereiten von Drückjagdständen
- Vorauswahl des Jagdgebietes
- Vorauswahl von Standplätzen

Anfang Herbst (Mitte September - Anfang Oktober)
- Beurteilung des Wildbestandes
- Festlegung des Jagdgebietes
- Festlegung der Beunruhigungsbereiche, Planung des Hundeeinsatzes (Strategie, Hundeverteilung)
- Standplätze: Auswahl/Markierung (Aufstellen/Kontrolle Drückjagdböcke, Schussfeldmarkierung, Pirschpfade, Freischneiden)
- Erstellung der Karten des Jagdgebietes, Standplatzformulare, Schussmeldebögen
- Festlegung der Zugangswege und Parkplätze der Anstellgruppen
- Einweisung der Gruppenführer und Hundeführerobleute
- Zusammenfassung der Schützengruppen und Zuordnung der Gruppenführer

4 Wochen vor der Jagd
- Bestätigung des Wildbestandes
- Kontrolle der bisher delegierten Aufgaben (Planmäßigkeit)
- Organisation Suppe/Vesper, Tische und Bänke (ggf.)
- Organisation Behälter für Aufbruch, Probenahmeutensilien, Wasser, Wildgestell, Waage
- Information Tierarzt, Fleischbeschauer, Forstdienststellen (Wegebenutzung, Feuer)
- Besprechung der Jagd mit der Hilfsmannschaft, Aushändigung der Karten und Formulare
- Verteilung der Aufgaben (Parkeinweiser, Jagdbüro, Signalwesten, -hutbänder, Holz, Feuer, Wildbergung, -verwertung, Probennahme, Streckelegen, Nachsuchenunterstützung, Brüche, "Springer")

1 Woche vor der Jagd (letzte Steuerungsmöglichkeit!)
- Planmäßigkeit? – Kontrolle sämtlicher Aufgaben auf Erledigung (v. a. Standplätze!)

1 Tag vor der Jagd
- abschließende Inspektionsfahrt mittags (alle Wege und Zufahrten frei?)

Standplatzformular

Diensthabender Tierarzt: Dr. Werdgesund
Telefonnummer: 123456

Stand-Nr.	**Name:**	**Kaliber:**	**Gruppe Nr:**	**Gruppenführer:**

Schussmeldung

Uhrzeit	Wildart	Anzahl	Geschlecht, Alter	Schüsse	Schusszeichen	Fluchtrichtung (woher/wohin)	Hunde? (vorh./nachh.)	Weitere Bemerkungen

Wildbeobachtungen

Uhrzeit	Wildart	Anzahl	Geschlecht Alter,	Fluchtrichtung (woher/wohin)	Hunde? (vorh./nachh.)	Weitere Bemerkungen

Schussmeldebogen

Gruppe Nr.					**Gruppenführer:**					
Stand-Nr.	Schütze	Uhrzeit	Geschoss, Kaliber	Wildart, Geschlecht, Alter	einzeln, Rudel, Rotte	Schuss bergauf/ bergab, beschossene Körperseite	Schusszeichen, Verhalten nach Schuss	Pirschzeichen am Anschuss	Stück liegt o. Nachsuche erforderlich	Bemerkungen (Hunde, Kugelsitz, and. Anschüsse in der Nähe)

Register

Umschlaggestaltung von eStudio Calamar unter Verwendung von Fotos von K.-H. Volkmar (Hauptmotiv u. kl. Bild rechts) und Toni Angermayer (kl. Bild links)

Mit 67 Farbfotos und 1 Farbillustration

Zeichnungsnachweis:
S. 58/59: Wilfried Sloman

Fotonachweis:
S. 8: H. Uhde – S. 11, 51, 128: B. Winsmann-Steins – S. 7, 14, 24, 31, 33, 63, 65 l., 90, 92, 106 u., 107, 113 o.: K.-H. Volkmar – S. 19, 22, 39 127, 130: E. Ophoven
Alle weiteren Fotos von E. Eisenbarth

Die Deutsche Bibliothek – CIP-Einheitsaufnahme

Ein Titelsatz für diese Publikation ist bei
Der Deutschen Bibliothek erhältlich

KOSMOS Postfach 106011
D-70049 Stuttgart
TELEFON +49 (0)711-2191-0
FAX +49 (0)711-2191-422
WEB www.kosmos.de
E-MAIL info@kosmos.de

Alle Angaben in diesem Buch erfolgen nach bestem Wissen und Gewissen. Sorgfalt bei der Umsetzung ist indes dennoch geboten. Der Verlag, der Autor und die Herausgeber übernehmen keinerlei Haftung für Personen-, Sach- oder Vermögensschäden, die aus der Anwendung der vorgestellten Materialien und Methoden entstehen könnten.

Gedruckt auf chlorfrei gebleichtem Papier

ISBN 3-440-09329-8
Lektorat: Ekkehard Ophoven
Herstellung: Siegfried Fischer, Stuttgart
Satz und Reproduktion: Typomedia GmbH, Ostfildern
Printed in Czech Republic/Imprimé en République tchèque
Druck und Bindung: Těšínská Tiskárna, a. s., Český Těšín